What My Mother
and I
Don't Talk About

Michele Filgate

与母亲
未曾
谈起的事

[美]米歇尔·菲尔盖特 编

乐欢 译

人民日报出版社
北京

献给

米莫和纳娜

万千遗憾都因不曾说起心中所感……

——弗吉尼亚·伍尔芙 《达洛维夫人》

前言

米歇尔·菲尔盖特

十一月的一天，天已经转凉，我意识到终于要把冬衣从衣柜里拿出来了。我需要一些温暖而美味的食物。我住在布鲁克林，于是去家附近的肉店买了半磅培根和两磅半牛肉。

我回到家，把蘑菇洗净切碎。当我摘掉蘑菇的根，把上面的泥土冲进下水道的时候，内心生出满足感。尽管离感恩节都还很远，我还是播放起了圣诞歌曲。随着音乐缓缓流出，我的小公寓里逐渐充满了抚慰人心的味道：洋葱味、胡萝卜味、大蒜味，还有培根的脂肪在炉子上滋滋的香味。

我准备做艾娜·加藤食谱里的勃艮第烩牛肉，这让我感觉到离母亲更近。搅拌起香气扑鼻的炖肉，我仿佛回到了童年的厨房，母亲不工作的时候，往往会把时间都花在炉灶之间。假期里，她会烤覆盆子夹心罂粟籽曲奇，有时候会把夹心换成花生酱，而我则帮她揉面团。

我做着饭，感到母亲就在这里。每当我做饭的时候都会想起她，因为厨房是她的地盘。我继续往锅里加了点牛肉汤和新鲜百里香,这种简单的创造使人充满安全感。只要你遵循菜谱加了正确的调料,创造出来的食物一定能满足你的味蕾。然而,到了半夜,虽然我已经填饱了肚子,胃却仍然感到疼痛。

我和母亲很少交流。做一道菜是一件很容易执行的事,但和她交流并没有这么简单,写本书中的文章也没这么简单。

我写这篇文章整整花了十二年,也是这篇文章才让我有了编纂这本书的想法。我开始写《与母亲未曾谈起的事》时,还只是新罕布什尔大学的学生,受到了乔·安·拜尔德[1]著名的散文集《我青春里的男孩们》的影响。那本书第一次向我展示了一篇个人随笔的真正意义:它可以让作者弥补乃至掌控自己曾经的遭遇。在那个时候,所有的事情都还没发生太久,我还对继父充满怨恨。他在房子里的阴影无处不在,我想让自己消失。最终,我真的离开了。

当时我不明白的是,这篇文章并不真正是关于我继父的。真相更加复杂,也更难以面对。这篇文章背后真实的核心内容,我花了许多年才得以面对与表达。我想要(也需要)写的,是我与母亲之间破碎的关系。

2017年10月,就在韦恩斯坦潜规则事件和"#Me Too"[2]运动发生后不久,Longreads[3]发表了我的文章,正是我打破缄默的最佳时机。发表的当天早上,我在索萨利托的一个朋友家中早早醒来,辗转难眠,

---

1 美国女作家。
2 美国女性反性骚扰运动,被认为是一场反对性别暴力的社会革命。
3 国外一家分享故事的网站。

内心充满了把如此脆弱的文章公之于众的不安。我走出房间打开笔记本电脑的时候,太阳正在升起。空气中弥漫着近处野火的浓烟,灰烬像雨点一样落在我的键盘上。仿佛整个世界都在燃烧。仿佛我对着自己的生活放了一把火。承受与我母亲之间的紧张关系是一回事,用语言使它不朽却完全是另一回事。

将只属于自己的真相和盘托出,是一件孤独的事情。但事实上,我并非孤单一人。毕竟每个人都拥有一位母亲,无论拥有的时间多么短暂。母子关系是一个复杂的问题。我们所处的社会用节日来体现美好的关系。每年母亲节来临,脸书[1]上都会涌现大量的帖子,向塑造后代的坚强博爱的女性致敬。我总会对此做好防备。看到母亲们在欢庆我当然很开心,但内心的一部分也感到痛苦。在这个世界上还有很大一群人,母亲节是在提醒他们,他们的生命中缺少母亲的痛苦——有一些是过早失去了母亲,有一些甚至不知道母亲是谁,还有一些人,他们的母亲仍然健在,却不知该如何做一个母亲。

母亲总是被理想化地描述成保护者:她关心孩子,对孩子无私付出,总是帮助孩子建立起自我,而非摧毁。然而,我们之中却鲜有人可以信誓旦旦地说,自己的母亲符合上述的所有条件。从某种程度上来说,母亲注定是要失败的。"也许对我们每个人来说,都有一个巨大的缺口,那个缺口源于我们的母亲与我们认为'母亲'所应该代表的含义并不相符,她所给予我们的也与她们应该给予我们的不相符。"琳·斯蒂格·斯特朗在本书中如此写道。

---

[1] 即 Facebook,美国的一个社交网站。

这个缺口也许是我们成长过程中面对现实的正常且必要的经历——也可能会有深远的影响。正如每个人都有母亲，每个人也都有不惜代价规避痛苦的本能。我们试图将这个缺口深藏在心底，深到我们感受不到它，深到我们忘记它的存在。这是我们生存的办法，但不是唯一的办法。

在打破沉默的时候，我感到解脱。这也是我们成长的途径。承认我们长久以来因为各种理由所未曾说出口的话，便是修复我们与他人关系的一种方式，也许更重要的是，也是我们与自己和解的方式。不过这件事，与一群人一起做，比自己在舞台上演独角戏要容易得多。

本书的其他十四位作家中，有的和母亲关系紧张，有一些却关系密切。莱斯莉·贾米森是这么写的："想要谈论她对我的爱，或是我对她的爱，都像是无意义的赘述——她永远能向我展示爱的定义。"莱斯莉试图通过阅读母亲前夫未出版的小说，探索母亲在成为母亲之前的形象。在凯西·哈诺尔有趣的作品中，她终于找到了机会和母亲谈话，而没有被自己专横（但可爱）的父亲横插一脚。迪伦·兰迪斯想要知道母亲和画家海伍德·比尔·里弗斯的关系是否比她所说的更加深入。安德烈·艾席蒙向我们诉说了拥有一个失聪的母亲的体会。梅丽莎·费柏斯以神话为镜，审视了自己和心理医生母亲之间的亲密关系。朱莉安娜·伯格特拥有一个无话不谈的母亲。萨莉·波顿讲述了她的母亲在经济地位改变后，仿佛成了"阶层背叛者"，她们之间付出和接受的关系也变得愈加复杂。

同时，在本书中，也始终贯穿着一条痛苦的长河。布兰登·泰勒以惊人的温柔讲述的却是曾用语言和生理对他进行虐待的母亲。娜奥米·穆纳维拉向我们展现了一个在充满移民、精神疾病和暴力色彩的家庭里成长的故事。卡门·玛利亚·马查多探讨了自己对为人母亲的矛盾感受其实与她和母亲的疏远有关。亚历山大·奇则审视了自己对母亲错误的责任感,以为隐瞒童年的性侵经历是在保护她。基泽·莱蒙则告诉母亲自己为她写回忆录的原因:"这个国家的问题并不是我们无法与持不同意见的人民、党派和政治'和谐共处',而是我们害怕公正地去爱我们标榜所爱的人民、土地和政权。我为您写《重》,是因为我希望我们能在爱上做得更好一些。"还有柏妮丝·L.麦克法登,她写的是虚假的指控如何影响了一个家庭几十年的时光。

我希望这本书可以成为一座灯塔,为那些感到无法说出自己或母亲人生某个真相的人照亮一条路。不管是我们未曾知道还是无力知道的真相,我们越要去面对,才越能更好地理解彼此。

我需要我的母亲,无论是遇到我继父前的她,还是和继父结婚后的她。有时我会想象自己把这本书交给她的情景。我会为她做一顿饭,在餐桌上把书作为一份珍贵的礼物送给她。我会说:这是所有我们未曾谈起的事。这是我的真心。这是我想说的一切。我是为你而写了这本书。

目录

与母亲未曾谈起的事
米歇尔·菲尔盖特 / 001

母亲的看门人
凯西·哈诺尔 / 013

地母节
梅丽莎·费柏斯 / 033

仙乐都
亚历山大·奇 / 055

米内塔巷 16 号
迪伦·兰迪斯 / 071

十五
柏妮丝·L. 麦克法登 / 097

没有不能说的秘密
朱莉安娜·伯格特 / 109

妈妈的同一个故事
琳·斯蒂格·斯特朗 / 119

这太美国了
基泽·莱蒙 / 129

母·语
卡门·玛利亚·马查多 / 137

你听得到吗?
安德烈·艾席蒙 / 147

哥哥,可以分我点零钱吗?
萨莉·波顿 / 159

她的身体 | 我的身体
娜奥米·穆纳维拉 / 171

关于我母亲的一切
布兰登·泰勒 / 193

我在山上看见了恐惧
莱斯莉·贾米森 / 207

致谢 / 236

与母亲未曾谈起的事
What My Mother and I Don't Talk About

米歇尔·菲尔盖特
Michele Filgate

裂隙：未被填满的空间、间隙、鸿沟。

母亲是我们的原乡，正因如此，我们总是试图回到她们身边。我们由此获知拥有一个自己所属的地方是何种体验。我们栖身于此地。

我母亲是个很难懂的人。或者说，我既懂她，又不懂她。我能想起她那拒绝剪掉的灰褐色长发，想起她手里拿着的冰块和伏特加。但如果试图回忆她的脸，我却只能想到她的笑容，一种虚假的笑容，仿佛要试图证明什么似的勉强的快乐。

每周有好几天，她会将诱人的食物照片上传到她的脸书主页。红辣酱猪肉卷饼配腌红洋葱，刚刚熏好的牛肉干，摆好盘的牛排配蒸蔬菜。那些都是我童年时期的食物——有时充满狂野的想象力，有时也确实好吃。然而我看着这些照片，却想起了我的继父：想起他血红的脸色和餐盘里积起的血沫；想起他用餐巾擦去脸颊上汗水的动作和沾满了锯屑的工作靴；想起他刺痛我的话语，如同一个气球被扎进叉子的尖刺，瘪得只剩一半的气。

就是你一天到晚搞乱我的婚姻，他说。你这小婊子，他说。我会暴揍你，他说。我真的害怕他会这么做，我害怕他会把我紧紧地压在床上，直到床垫张开大嘴把我整个吞下去。现在，我母亲把她所有的烹饪技巧都留给了她丈夫。现在，她在他们乡下农场和他们城里的小公寓里给他做饭。

现在，我母亲再也不给我做饭了。

少年时期，我的卧室里贴满了《青年节奏》[1]里的内页海报和莱昂纳多·迪卡普里奥、雅各布·迪伦[2]的褪色喷墨照片。微风吹过我的前窗，狗毛和风滚草就在空气里四处翻腾起来。无论母亲用多少次吸尘器，它们仍越来越多。

我的桌子乱七八糟，上面堆满了课本，写到一半的信，没了笔盖的钢笔，干掉的荧光笔，还有削秃的铅笔。所以我坐在硬木地板上写字，背靠着柜子红色的硬把手。这不舒服，但背上感受到的持续的压力却让我感到安稳。

我写很烂的诗，不过至少在那个年少轻狂的时期，我以为那是很精彩的。那些诗关于心碎，被误解，以及因心碎与被误解而迸发出的灵感。我把它们打印出来，用日落海滩的风景画作背景，并将诗集命名为"夏日之雪"。

当我写作的时候，继父就坐在他桌边，他的桌子就在我的卧室外面。他在笔记本电脑上工作，但每当他的椅子吱吱作响，或是他做出任何细微的动作时，恐惧感就会从我的胃一直涌到嗓子眼。我的确一直关着门，但这毫无用处，因为他不允许我上锁。

我继父和母亲婚后不久，他给我做了一个简单的首饰盒，就放在我梳妆台的最上面。木质表面光滑而有光泽，没有刻痕和凹陷。我把断掉的项

---

1 《青年节奏》(*Teen Beat*)是面向青少年读者的音乐杂志。
2 莱昂纳多·迪卡普里奥（Leonardo DiCaprio），美国著名影视演员、制片人。雅各布·迪伦（Jacob Dylan），美国乐队 The Wallflowers 主唱，诺贝尔文学奖获得者 Bob Dylan 的父亲。

链和俗气的手镯放在里面,把我想遗忘的东西放在里面。

像处理首饰盒里的小玩意儿一样,我可以和房间里一切存在或不存在的东西打交道。在我的卧室里,我既可以是我自己,同时又可以不是。我的本体消失在书本中,仿佛书本是黑洞。如果我无法再集中精神看书,就在下铺床上躺好几个钟头,等着我男朋友打来电话,将我从我的思绪中拯救出来,将我从我母亲的丈夫手里拯救出来。电话没有响。寂静割伤了我。我郁郁寡欢。我缩在内心的角落里,把悲伤摞在焦虑之上,一味地白日做梦。

"哪两样东西让世界运行呀?"继父问了我一个他经常问的问题。当时我们在地下室他的木工工作室里,他穿着自己的工作鞋和旧牛仔裤,套着一件几乎磨薄的T恤,闻起来一股威士忌的味道。

我知道答案是什么。我知道,但是我不愿意说。他看着我,目光灼灼,皱纹挤压着他半闭的眼睛,嘴里炙热而醉醺醺的热气冲在我脸上。

"性和金钱。"我低声说。这两个词在我嘴里如同热炭,沉重而羞耻。

"没错。"他说,"那么,如果你现在可以对我非常、非常好的话,也许我可以让你去那所你想去的学校。"

他知道我想去纽约州立大学帕切斯学院学习表演。一旦站上舞台,我就变成另一个人,可以经历不属于自己的人生。那个人会遇到更大的麻烦,但再大的问题,在那晚的表演结尾时也一定会得到解决。

我想离开地下室。但是我不能转身离开他。他不允许我这么做。

光秃秃的电灯泡让我觉得自己像黑色电影里的角色,地下室的空气冰冷而凝重。我的思绪回到一年前的一次,他把卡车停在海边,把手放在我的大腿内侧，试探着，看看他可以做到哪种地步。我坚持要他送我回去。他不肯。那漫长而痛苦的时间至少持续了半个小时。后来我告诉了母亲，但她不相信我说的话。

现在他又站在了我面前，双手搂着我的背。叉子的尖刺又来了，这次，气球里残余的气体都放空了。他在我耳边轻声地说道：

"这只是你我两人之间的事。和你妈妈无关。懂吗？"

我不懂。他用力捏我的臀部。他搂着我，而这不是继父抱继女应该用的方式。他的手像虫子一样，而我的身体则是泥土。

我从他手中挣脱，跑上了楼。母亲在厨房里。她总是在厨房里。"你丈夫摸我的屁股！"我愤愤地嚷。她静静地放下搅拌着锅里东西的木勺子，走下楼梯。勺子上沾满了红色的番茄意面酱。

过了一会儿，她在我卧室里找到了正像胎儿一样蜷缩着的我。"别怕，"她说，"他只是在开玩笑。"

几年前的一个下午，我走下校车。走向家门口的一路上充满紧张情绪：如果我继父那辆番茄红的卡车停在路上，说明我得和他一块待在家里了。不过那天卡车不在，我独自一人。多么美妙的独自一人。桌上放着我母亲烤的咖啡蛋糕，上面撒着的红糖碎让我直流口水。我切开蛋糕，几口就吃掉了一半。我的舌头立刻感到刺痛，这是过敏反应开始的迹象。我很熟悉，也知道该做些什么：我应该马上拿出海拉明[1]糖浆，让那人工樱桃香精味道的液体包裹住我像鱼一样膨胀起来的舌头，防止它堵住我的呼吸道。这时候，我的喉咙已经开始塞住了。

---

[1] 美国家庭的常备药，用来暂时缓解上呼吸道过敏的症状。

但是家里只剩药片了，而药片所需要的溶解时间太长。我吞下药片，却又呛了出来。呼吸已经变得断断续续。我向墙上的米色电话跑去，拨打911。急救人员到达之前的时间是那么长，仿佛有我降生到地球的十三年那么漫长。我望着镜子里泪流满面的自己，努力抑制哭泣，因为这会让呼吸更加困难，可泪水仍然止不住。

在去急救室的救护车上，医护人员给了我一只泰迪熊。我抱着它，如同抱着一个新生的婴儿。

后来，我记得母亲拉开窗帘，走到我病床旁边。她皱着眉头，同时也仿佛舒了一口气。"那块蛋糕上撒了碎核桃，我是给同事烤的。"她一边说，一边看着仍抱在我怀里的泰迪熊，"我忘了给你留个条了。"

我在天主教堂里面待过很久，久到懂得什么叫"把垃圾藏到地毯下面"[1]。我的家庭擅长此道，却也渐渐掩盖不住。有时我们的秘密还会露出来，让人在上面绊一跤。

教堂里的安静并不是全然的宁静。这样的安静只会让哪怕极微小的声音也变得更加刺耳，即便只是闷声的咳嗽，或是陈朽关节的嘎吱声，也会在整个教堂里回响。你在此地不能做全然的自己。你不得不掏空自己，如同一个壳。

而在中学里，则恰恰相反。我太是我自己了，因为这样的"太"是一种表达"我仍在此地"的方式，这里的"我"是内心的我，而非他想要我成为的我。任何事情都能让我紧张起来。我一周要翘好几次生物课，老师陪我去女生心理咨询室，用摸起来像沙子一样的纸巾擦我的脸。每当我在

---

[1] 谚语，意思是把肮脏的事情掩盖起来。

人群中待不下去的时候,就会去护士办公室躲起来。

. . .

我来告诉你们安静意味着什么——当他又一次发脾气,而我,出于一时的勇气,冲他吼"你根本不是我爸爸"的时候。

那时,安静听起来就像鸡蛋碰碎在陶瓷碗边;安静听起来就像橘子皮被剥离果肉;安静听起来就像教堂里一声闷声的咳嗽。

好女孩都是安静的。

坏女孩要跪在生米粒上,让那些坚硬的颗粒使劲往她们裸露的膝盖里钻。至少我那个去过布鲁克林一家天主教女校的同事是这么说的。修女们就喜欢这种体罚。

好女孩会乖乖地上课。

坏女孩则是咨询室的常客,老师甚至会专门为她们多准备纸巾。坏女孩和来学校的警官谈话时,把纸巾在手里揉来揉去,直到它们像松饼一样碎掉。

好女孩哪里都可以看,就是不会看警官的眼睛。她们会盯着墙上时钟的秒针,会告诉警官:"不,没问题。您不用和我继父或是我妈妈谈话,那只会让事情更糟。"

填满我和母亲之间裂隙的,只有安静。我们未曾和对方说起一切,只因为开口太过痛苦。

我想说的是:我需要你相信我。我需要你倾听。我需要你。

而我说的是：沉默。

我沉默，直到说出一切。但是说出一切远远不够。她和我继父仍然是夫妻。裂隙只是越来越大。

我母亲可以看到鬼魂，一向如此。有一次我们在玛莎葡萄园[1]度假，我被我弟弟困在家里——事实上就是个保姆，而大人们就可以出去喝酒吃炸蛤蜊。那是个异常凉爽的八月夜晚，空气停滞着，似乎它也在屏住呼吸。我坐在弟弟床边，试图哄他睡觉。突然，我听到有人，有什么东西，在我耳边呼气。我转过头去，窗户是关着的，没有别人。我尖叫着从床边跳了下去。

我母亲出现在门口，我立刻把这件事告诉了她。

"你的想象力总是过度活跃，小米[2]。"她说，对这件事一笑而过，就像海浪暂时盖住了海滩上的贝壳。

然而，在我们离开岛后没几天的一个晚上，她向我吐露了实情。

"我有一晚醒过来，感觉到有人坐在我胸口上。"她说，"还在那儿住的时候，我不想跟你说，免得吓到你。"

那晚，我坐在卧室里写东西的地方，柜子红色的把手紧紧地顶着我的脊背。我想着母亲说的鬼魂，想着她的脸，想着家。在家里，电视总是开着，桌上总放着食物；在家里，只要我坐在餐桌边，一顿饭就吃不好，所以继父让我自己吃；在家里，花瓶砸在硬木地板上，破碎的声音如同一首细腻而尖锐的音乐；在家里，继父的猎枪陈放在玻璃柜里，而他的手枪则

---

[1] 位于美国东海岸的一座岛，是备受推崇的乡村度假场所。
[2] 小米，作者米歇尔的昵称。

藏在衣柜里一摞 T 恤的下面；在家里，我要在松树下跪着捡狗屎；在家里，有个游泳池，可我和母亲都只会狗刨。

在家里，继父给我做了个盒子，而母亲则教会我把秘密藏在里面。

如今，我自己买了海拉明，随身携带。这些日子以来，母亲只通过群发消息和我以及我姐姐交流。姐姐分享我外甥、外甥女的照片，乔伊开着他舒适的小轿车，握着方向盘对着镜头笑。而我和母亲则评论她的照片。

其实有一天，我曾尝试着向她迈出一步：

"这周末我要去外婆那里，也许你也可以过来和我一起？"

她没有回答。

我给她发短信而非打电话，是因为她可能正和他在一起。我喜欢假装他并不存在。我善于假装，这是她教我的，就像那些我旧首饰盒里的小玩意儿，我只需要盖上盖子就可以了。

我等她的回复，等她给我一些她走不开的借口。直到外婆在火车站接我的时候，我甚至还隐秘地希冀着她也在外婆的车里，给我一个惊喜。

我一边查看自己的短信，一边想起了我小时候做的拼贴画，那是我从旧《国家地理》杂志、《家庭天地》和《希尔斯购物清单》上剪下来的画。贴在豹子旁边的坎贝尔西红柿汤广告，边上还贴着半截文章标题，就像是"十个小贴士给……"这一类的。即便我还是个孩子的时候，这些带着荒谬意味的半成品贴画就可以给我安慰。因为它们让我感觉到任何事情都是有可能的，而你唯一要做的只是开始。

她的车再也没有出现。我的手机里也再也没出现她的消息。

我母亲的农场小屋就在离我家乡两个小时车程的地方,是独立战争时的一个士兵亲手搭造的。自然也闹鬼。几年前,她在脸书上传了一张后院的照片,绿得郁郁葱葱,其间有些小小的球体,看起来像星光一样。

"我爱你,越过了太阳、月亮和星星。"我还很小的时候,她总是这么对我说。但我只想要她爱我,此时,此地,在地球上。

母亲的看门人
My Mother's (Gate) Keeper

凯西·哈诺尔
Cathi Hanauer

这是一个爱情故事，或者爱情的一种版本。无论好坏。

首先，开场。

1953年，母亲和父亲在新泽西南奥兰治一场聚会上相识。聚会地点是一位名叫茉尔·安·贝克的人家里。我母亲是高三的学生，其实和她不甚相熟，而我父亲则完全不认识她。但长话短说，总之他们二人都在受邀名单上。听到名单的那一刻，母亲就喜欢上了父亲的名字，罗尼·哈诺尔——多么圆润的发音。她打听起他的事，知道虽然仅比自己大十七个月——她十六岁半，他刚满十八，他却已经是康奈尔大学医科预科班的大二学生了。她产生了兴趣。虽然她是文静好学的"乖女孩"，那种有时帮忙布置校报，有时在自己父亲的干货店帮忙的乖孩子，却仍旧在聚会上主动去找了他。他们谈笑，共舞。她发觉他智慧而幽默。那晚回家，她告诉自己的母亲，她遇到了自己要嫁的男人。

三年〇八个月后，在他家的乡村俱乐部里——在堪与附近的高档白人俱乐部媲美的清澈游泳池和高尔夫球场边，她实现了自己的诺言。那时，他二十一岁半，而她则将将二十。

自那以后，便是六十一年，四个孩子，六个孙子。我是四个孩子中最年长的，似乎也是最爱寻求答案的一个，尤其是关于我母亲的答案。

十多年前，我四十来岁时，父母已过古稀。母亲有了自己的电子邮箱。这似乎不算什么，可于她，却是大事。在此之前，从美国在线[1]"叮咚，你有一个新邮件"时代以来，我父母都共用一个邮箱。他们的许多朋友，那些直到花甲之年才会上网发邮件的老夫妻，亦是如此。至少在最初，共享同一个邮箱或是固定电话，是极常见的。只不过与其他夫妻不同的是，当我母亲收到别人的电邮，来自她女儿、好朋友、兄弟的电邮，我父亲不仅都要读，甚至常有回信。母亲反而偶尔回信，有时干脆不回。仿佛对她而言，事情本该如此。

电话也是同样的情况。我打电话回去，父亲接了，还在打招呼的时候，就会听见他大喊："贝蒂！接电话！"接着她提起分机话筒加入通话。很久前我就知晓，如果我想和母亲说话，他会说："她正听着呢，说吧。"如果我强调想单独聊聊，他则对着电话讲："无论你与她想谈什么，都可以告诉我。"无论我恳求，解释，抑或愤怒，他总是固执己见。他经常为她代言。例如，母亲生点病，我问："身体好些了吗，妈妈？"他就会说："她感觉不错，退烧了，刚还吃了点儿吐司。"我要是说："我问的是妈妈。妈妈，你感觉如何？"她则总会给出些和稀泥且报喜不报忧的回答："我好多了。"或者是："我很好。"

倘若我问的是母女间女性的话题，例如，第一次怀孕是如何发现的，子女婚礼该送些什么，她最擅长的蓝莓挞是怎么做的——往往还是由他来回答我，即便事实上他对答案一无所知。"她用杏脯做的。对吧，贝蒂？"或是"送钱就太蠢了。买点什么有用的东西，这样他们用的时候就会想起你来"。如果他对我的问题实在无话可说，例如问起一本她正在读的书——

---

[1] AOL，二十一世纪初期创立的著名的因特网服务提供商。

就会打开电视上的棒球比赛,高声评论:"我的天,马丁内斯!他妈的抓球啊!"有时他也会和我讲起他和母亲这些天做的事,像是外出吃的餐点,看的电影——然后再一一做出他的点评。"你看过某某电影吗?"他会问我,如果我说没有,他就继续说,"我打三星。"(他的满分是四星。)他会接着讲年轻的女演员们多么美丽,结局又是多么糟糕。倘若我抱怨,他反倒会对我说:"结局里哈姆雷特不也死了吗,你知道的。"

所有他在电话和邮件上的所作所为——和我母亲每时每刻的纵容,都使我既沮丧又疑惑。她难道不认为这是侵犯隐私吗?难道她意识不到对其他人也是困扰?如果意识到了,那她为何不发一言?况且,还有其他更让人无法忍受的事情。比如就算载着一车人,他开起车来也会像在《侠盗猎车手》[1]里似的,飞速地绕行减速带,闯停车标志,朝每个挡路的人按喇叭。还有一次,他去国家公园玩,还引发了闹剧,就因为他不喜欢那段旅程安排——观鸟太多了,徒步太少了,最后人们护送他回到了大本营,母亲陪着他,其他所有人都等他一个。

他经常冲她喊叫,比如她在他想去喂狗的时候帮他喂了,或是她出于节约吃了剩菜,只给他做新鲜的饭菜吃(他不喜欢她亏待自己)。有时候,尤其在电话里,他的行为更是匪夷所思——滑稽得可笑,就像个模仿秀,我是真的笑了。我会说:"多谢你告诉我妈妈感觉如何,什么想法,怎么做蓝莓挞。"接着他就笑了,然后她也会笑。人们嘲笑她时她就会笑,这就是我家人表达感情的方式。他看我写的这些也会笑的——他一定会看,他看我所写的一切,抱着自豪的感情,并慷慨地给予我点评。能够接受批评甚至被嘲笑,亦是他最值得敬佩的品质之一。当然,他倒并不以这些行

---

[1] 一款以犯罪为主题的世界著名游戏。

为为耻。"为什么我要感到羞耻?"他会说,"我开车很安全,而且那个导游的确是个白痴。再说你妈妈本来就不该吃那么多剩菜。"

我曾花费数十年与父亲的行为抗争。最初,是反抗他对我个人的专制行为,后来则反抗他对我以及母亲的专横——反抗他的坏脾气、善变、自恋和控制欲。同时,我也试图向母亲靠近,与她在一起,乃至尽力在没有他打扰的情况下和她谈话。这并非仅仅出于我想要了解她以及她与父亲关系的心理,无可否认,更强烈的原因是我也想拥有她的一部分——她终归是我的母亲!她是娇小、温柔、满头银发的母亲;她是打理花园、烹饪美食、散步遛狗、会做花肥、八十一岁的母亲;她是在花园里挂着"欢迎光临",在冰箱上贴满孙子们照片的母亲;她是对我的每一部作品都认真阅读并给出评价的母亲;她是从不忘记任何一个人的生日和纪念日,每回都会手写贺卡并附上她拍的寿星照片的母亲;她是一生致力于教育残障儿童,又一手带大自己四个孩子的母亲;她是时刻牵挂孩子的母亲。谁不愿意拥有她呢?自我十九个月大起,就要与第一个妹妹和父亲一道分享她;接着第二个妹妹降生,然后又是弟弟。她永远都带着孩子和狗忙得团团转,买菜,拼车,做通心粉奶酪华夫饼,带小女童子军,给我们做万圣节的衣服或是红白条的短裙,总之停不下来。她不休息,没有时间好好吃顿午餐,更别说是喝杯咖啡、抽根烟,或是来杯下午茶鸡尾酒了。她忙前忙后,照顾每一个人。等我父亲回家,她就开始照顾我的父亲。

长大后,我亲近母亲的方式与幼时并无二致,甚至途径可能更少一些。大学毕业后我搬去了曼哈顿,每当我回新泽西去看望父母——一般每几个月会挑个周末晚上去,我父亲要么在家,要么在回家的路上。有时在他回家之前我和母亲可以单独待几分钟，但很快车库门就哗啦一声响了，他白色的奔驰车开了进去，收音机还在大声地播放歌剧或新闻。要么是我和母亲一起在打扫厨房，而他本来是在书房看书或电视。但是很快他就会进厨房，给她念一篇文章，或是喊她去看电视里放的东西。他似乎离不开她——或是不愿意把她留给我，不想让我这个立场鲜明、自立自强的女权主义者和她说一些他也许觉得会威胁他家庭地位的话。

她不曾介意吗？介意由他来决定周五晚上要看的电影或是周末在家看的电视，并要求她和他一起看。作为一个在人际交往和婚姻关系中都需要自主权的女人，我无法想象总是如此被需要是什么样的感受。（这让我想起音乐剧《雾都孤儿》里的那首歌："只要他还需要我，我便知晓应当身处何地。"）同时，他一直需要她的陪伴，也让我感到沮丧。我会想："那我呢？"当然有时我也会想："也许她不愿意和我一起。"毕竟，我也会像父亲一样，咄咄逼人、夸夸其谈、固执己见——虽然，作为相对有自知之明的一个女性、一位母亲，我应该是与他完全不同的。不过，我会不断提问、挖掘：你满意自己的生活吗？如果你可以改变一件事，那会是什么？可即便是我最小的妹妹，她寡言少语，更不爱挖掘别人的生活，仍偶尔会对母亲有这样的疑问：我们不知道她想要什么。我们？她自己？还是他？她就是个谜。

在母亲拥有自己的邮箱之前，我已经和父母电邮交流很久了，并发现这是与我父亲沟通的最好方式。电邮流行起来的时候，我已经三十多岁，有两个孩子，有赖以为生的工作，一有空闲便会给父母写邮件。与我父亲讲电话所带来的压力，被电邮化解了，看他的文字是件轻松的事情，而且倒是我一向喜爱的——他很聪明，有时也很幽默，无话不谈，新闻、政治、娱乐都有所涉猎。倘若他知道我对某件事情感兴趣，就会找来相关的文章发给我。尽管同样地，就算知道有什么事情惹我不快，他也会在邮件里说："那个婊子只想哗众取宠罢了，如果没人注意她，她就不会……"于是我赶紧删掉！这样就好了，就不用让我母亲夹在我俩中间了。

然而这让父亲十分不悦，我们互相发电邮而非打电话，这剥夺了他在我和母亲的关注下侃侃而谈的权利——他抗议了多年，但多亏了我所认识的每一位心理导师，让我学会了无视他的抗议，我最终没有妥协。不过，母亲拥有自己的私人电邮这件事——他发现的时候也抗议过，奇怪的是，这回她却很坚持……好吧，也许游戏规则开始变了。

我了解父亲已久，却仍旧对母亲感到困惑。她是谁？是碧绿瞳仁、精力充沛的导师，是友善和蔼的邻居，是身高五尺一英寸、体重九十磅，每天都以一杯黑咖啡、一块薄薄的三明治、一汤勺酸奶配两个核桃当作早餐的女人？除此之外呢？是每晚尽职尽责与我父亲一道上床，却在几个小时后溜进我早夭的弟弟房间里一篇接着一篇读小说的女人？除此之外呢？她有怎样的梦想？她正过着舒适、踏实、令人羡慕的生活：有深爱她的孩子们，一条从收容所领养的活泼的狗，还有一座收拾得井井有条的带花园的房子，她曾参与建设的学校里永远留着她的一席之地；她拥有持续了六十多年的婚姻，也有足以优雅老去的金钱——但除此之外呢？她曾想起过我的弟弟吗？弟弟在他六周大的时候被收养，因为我父母（或是我父亲？）希望第四个孩子是个男孩，他浑浑噩噩地过了乱糟糟的一生，三十多岁就因为一场吸毒和醉酒导致的可怕事故而英年早逝。她想起过他吗？她后悔过吗？如若她能够改变人生，她会选择改变什么呢？

我现在就可以问她，还有这些问题：为什么她不反抗我父亲的糟糕行为，无论是对她和孩子们，还是对其他人？难道说她认为这些都不是问题，而只是我太过敏感？（我知道父亲一定会这么回答。）四年级的时候，他狠狠地扇了我一巴掌，仅仅因为无意中听见我说了一个我都不知道违禁的词。他有一次用力地推了我妹妹一下，把她吓了一跳——哦天！于是摔下了楼梯。（她没事！我家铺了地毯！）他嘲笑我的高考口试成绩（他现在仍然会这样，即便我已经做了很久的作家、编辑）……这一切行为，我都应该无视，然后继续生活，就像我母亲那样吗？

即使对我这个学习成绩好、从不买醉、甚至帮他处理诊所工作的女儿（他不让我做其他兼职），他还是有专制的规矩：我可以和朋友乃至男朋友看电影，但只能看他认为足够有意义的那些，所以比方说我们一群十五岁的朋友想要看电影，例如《万圣节》，或者是《大白鲨2》，我就得让他们改看《猎鹿人》[1]，否则我就去不了。那么我的母亲、我的另一个监护人，她认同这种教育模式吗？父亲是没有打我、饿着我，或是赶我出门，可是，到底为什么！为什么她不开口反对？少年时的我，愤怒起来自然无法平心静气地问她，就只会哭诉："你为什么不阻止他！"她不会阻止，也许阻止不了，总之无论我如何乞求，她都从未提出过哪怕一个字的反对。她是同谋吗？她是由于害怕吗？现在，我是成年人了，也有了直接联系她的途径——终于！我可以问到她的答案了。

然而我很快发现，这个途径并不能使我洞察更多——至少短时间内不能。只要我问起父亲，她或是干脆不回答，或是语意不明地回答些简短的

---

[1] 前两部为惊悚电影，最后一部是战争片。

句子——至少我是这么觉得。"我控制不了他。"我问起她为什么会允许他在感恩节大发雷霆,且仅仅是因为别人吃掉了盘子里的最后一只虾,而厨房里还有好多,她就如此回答。"我和他讲什么都没有用。"她说,"我要是阻止他,他只会更生气。"不管是在当时还是现在,这些答案都没错,可你真的能够无视自己丈夫如此行为吗?连他孙子们的奶嘴都掉了,在窃窃私语,咯咯地笑呢(他们觉得他很搞笑)。为什么她不开口?不下个最后通牒?当然后果会如何,我也无法想象。

电邮给我和母亲之间的关系带来的改变,仅仅是多了一条有趣的沟通途径。

现在,我再问母亲抚养孩子或是菜谱的问题,她就可以回答了,完全由她自己回答。她跟我聊正在教的孩子,或是和老朋友去城里博物馆参观的事。十多年前,她开始独自去纽约玩了。她给我讲述她家族的历史。我们谈论书籍,再也不会有人在分机上突然问我们见鬼的拆信刀在哪里。母亲热爱几乎所有小说,除非里面有"太多"抽烟、酗酒、脏话或是通奸的内容。她开始追随我的作家朋友们,甚至邀请他们和我去她的读书俱乐部。"我爱死你妈妈了!"我的朋友们与她的同事一起去家里吃了鸡蛋沙拉,在用花园新摘下的绣球花装饰的桌子边喝了咖啡,然后这么对我说。他们也喜欢我父亲,是他去公交车站接他们,和蔼可亲,又爱开玩笑。在愿意彰显自己的男性魅力时,他总是能这么有绅士风度。他也读书——而且并不只看男性作家的书。他最喜欢的书就有《傲慢与偏见》和《米德尔马契》[1],每本都给了四星。

只是,母亲仍然不在我们的电邮通信中进行自我剖析,或是讨论父亲

---

1 《傲慢与偏见》是简·奥斯丁的作品;《米德尔马契》是乔治·艾略特的作品。

的行为，对我的行为也好，对她的行为也好，对周围人也好——至少不常做，也不够深入，还不足以令我理解她对某件事的想法。有时她只是笑，或是稍稍地开我的玩笑。（"噢，凯西，我不知道呀！"）最终，我明白了是她选择不讨论这些，或者说因为进展十分艰难，我妥协了——妥协了一点儿。我去看望父母的时候，会努力不介入他们俩的关系，虽然有时会忍不住。"别冲她大吼！"我还是会这样朝他大喊，比如他因为那该死的虾发脾气的时候，或是因为有人竟然敢擅自吃他从好市多[1]买回来的几磅腰果而暴怒的时候——有时他竟然真的会听进去。忽然，他的四个成年孙女和三个成年女儿都上了那艘女权主义的船，而两个温柔的孙子在他们女权的妈妈带领下，还为自己的姐妹们喝彩。他终于寡不敌众。家庭大聚餐时，餐桌上唯一的另一名白人男性却也是"#MeToo"运动的支持者。我甚至为父亲感到遗憾了。毕竟，如果没有他，我们谁都将不存在于此——不在此地，亦不会在他处。

无论如何，我们都好——非常好！也有他的一部分功劳。我们过着不错的生活，也并不疏远，每年聚几次，拥有一个命运给予优待的十三口或是十四口之家……都不赖，五十五年的大家庭了。在他的独断专行之下，我度过了童年，却依旧选择与这个人相处，也并不仅仅是为了接近母亲，而恰是因为我有时很享受与他在一起的时光，且明白他也如此。我享受与他在一起的时光，因为他将不再年轻，也因为他慷慨大方：慷慨地给我医学建议，慷慨地带我的孩子们出去吃饭甚至度假，现在也慷慨地给孙子们付大学学费（只要他们去的是他所认可的学校；最理想的是康奈尔，因为是他的母校；布朗大学不算，他嫌它"名不副实"）。对我人生中积极的

---

[1] Costco，好市多，大型超市。

一切，他总是给予支持——尤其是我的工作，对于消极的，他也着力抨击。他和母亲这对夫妇，从青丝满头到华发渐生，再到白发苍苍，无论是在赫尔辛基还是威尼斯或是朱诺市的游轮上，都不遗余力地发小卡片，宣传我的新书和我丈夫的报纸专栏。这一切，我从未当作理所应当。

不过，第二天，他又会把我们之间的私人长信抄送给别人（我请求过他别这么做），或是讨人厌地去评价年轻女孩的魅力或是乏味（同上）……昨日重现。而我的母亲——我的母亲，我这篇文章的主人公（你看到了吗？）——她只一味地保持沉默，似乎她也在谴责我。你是在谴责我吗？如果是，那没问题。但我想听你亲口说出来！

所以，为了写这篇文章，我决定一股脑儿找出答案，所有的答案。我父亲八十二岁，母亲八十一岁了；他们身体健朗，但谁都不知道这会不会是得到我一生所追寻的答案的最后机会。所以我发邮件给母亲，告诉她我正在写我们未曾谈起的事，问她是否愿意，嗯，愿意和我聊聊。她说好。我们定了个时间，那时我父亲会去医院，他现在还是会每周去看几次病人。然后我给她打了电话。

在我看来，母亲近二十年变了许多，尤其是近十年来。她人生中有几十年停不下来的忙碌——作为母亲，作为妻子，作为教师，作为我父亲工作文件的整理者，现在她终于有时间放慢脚步，做些其他事情。妇女团体，读书俱乐部，学校董事……虽已八十一岁高龄，但她可不是孤独的老人。我几乎能感受到她与我谈话时的激动。我这么说她应该不会介意。

闲聊了几句，我直入主题。"你们相识之初，他脾气就这么坏吗？"我问她，"如果没有的话，你注意到他什么时候开始变的？"

"没有。"她回答我，"生活越来越复杂，他想要事情变成自己希望的那样。没达到他的预期,他就会生气。"她停了一下,"不过,我记得他脾气是很后来才变坏的。凯西,我想我们婚姻能够持续这么多年,大概是因为我很健忘。他让我很生气,但后来我就全忘了。而且我从来没有,包括现在也没有像你们这代人一样剖析自己的婚姻或者人际关系。我想,我们是天真的一代。"

没错。不过伟大的思想家,从格洛丽亚·斯泰纳姆到贝蒂·弗里丹,从杰梅茵·格里尔到薇薇安·格尔尼克[1](几乎和她同龄),也都属于她那一代。不过,她们中有三个都没有孩子——是的,我想这就是区别的关键所在:你的世界观,你的选择,你拥有的独立和表达自己内心的力量。

"你同意他是你的守门人的说法吗?"我问道,"把你与外界隔离起来的守门人,外界包括我、你的朋友和其他家人。"

"我觉得他曾经,包括现在也肯定会把我和其他人,比如学校的老师,隔离开来。以前校长经常组织放学后的活动,比如酒吧或是晚餐。其实我自己从来也都不想参加这些活动。"听到这里我不得不注意到她的用词上的变化,从"他想"变成了"我想",虽然看起来是一样的——"一开始是因为我有四个孩子,事务繁多。我这么多年都在为他整理资料,晚饭后都会跑上楼记下他跟我说的东西,或是为病人给保险公司打电话什么的。"她提到纽约的一个离了婚的朋友经常和她说:"来我家住一晚上吧!"然后她接下去说:"我不会做这样的事。"

我问:"为什么?"

"这个嘛,我觉得他的确不想和别人分享我。你说得对。他无论过去现在,都是个有控制欲的人。他让我觉得自己对他有第一义务。我想,我

---

[1] 此处作者列举的都是著名的女权运动者。

自己在某种程度上也纵容了这一点。我总会给他做饭,他从来不需要去店里买东西,或者找东西,因为我会照顾好他。他绝不需要在纽约买个小公寓,然后在丹不在家的时候自己一个人住。"

她这里说的丹是我的丈夫,几年前我俩在纽约一起买了个公寓,这样他工作上有需要的时候就可以住在那里。有时候我和他一起去——我在纽约也有工作、朋友和同事,有时我和狗狗们一起留在我们马萨诸塞的房子里。这是我们共同的选择、共同喜欢的一种生活方式。在我自己做了近三十年母亲和妻子之后,我希望可以同时享受独处的自由和爱意满满的家庭。但有趣的是,母亲竟将丹买了公寓不和我住在一起视作他一个人的选择。我努力抑制向她解释这个问题的冲动。

"那么,"我问,"他冲你吼的时候呢,或者是越过你讲电话的时候呢?你对这个有什么看法?"

"他在电话里是很讨人厌。"她承认道,"不过他认为,所有我和孩子之间的事,他都应当参与。我不这么认为,尤其是我们有三个女儿,而我是你们的妈妈,有些事情是需要在没有他的情况下说的。但是,这并不值得和他吵一架。如果我不小心提到你在邮件里和我讲到的小细节,他就会问我:'你是怎么知道的?你为什么要私下和凯西发邮件?你为什么要把这个当秘密?'诸如此类。他不喜欢有事对他保留。"

我点点头,这些我都知道。不过她终究是承认了,和女儿单独沟通这件事"不值得"她与他吵一架——其他人也不值得。直白地说,在安抚他和与我们沟通之间,她选择了前者。我早知道,当然知道。但是听到她亲口说出来,也是好的。

"那么他决定看的电影,他决定的旅行路线呢?"我继续问,"你是不是会感到轻松？你是否宁愿不做选择？"

"我只是不想和他争。"她再次强调，"他很固执，虽然一味地遵从他的决定也不是一件容易的事，但是服从总是比争执简单。对我来说，那些事情真的没太大区别。"

此时我想起她的家庭，尤其是她父亲：一个身材矮小、温柔的圆脸男人，头发始终都是浅棕色的。他和母亲，和母亲的两个兄弟以及他所有孙辈的关系都很亲近。我记得当我和妹妹住在他家时，我们会在早晨五六点叫醒他，让他给我们看动画片。在自己家里我们是绝不被允许这么做的。他总是和我们玩游戏。和爷爷奶奶不同，我的外公外婆，马克和西尔维娅，他们从不发火——不仅不对我们发脾气，我也没见他们对别人发火。有一次我被蚊子叮得发痒，马克让我尽量不要挠它，要接受蚊子包就是会让人痒这一事实。这种说法简直让我吃惊。他学过法律，但他的父亲去世后，他没有去做律师，而是与兄弟一起接手了家里的干货店，养活了三家人。

"你还记得第一次与他争吵的情景吗？"我问。

"不记得。"

"你记不记得，那次他派你去把我从高中运动会上拖出来，当着所有人的面，就因为他回家吃饭的时候我不在家搞得他很生气？这你也不感到气恼吗？"

"我不记得这件事了，但我当时肯定很恼火。"我想象着她拿着电话一边和我说话，一边四处走动的样子，一会儿掸掸橱柜，一会儿整理父亲坚持要留下来的报纸杂志。"毫无疑问，他就是规则的制定者，也是做决定的人、严格的纪律信奉者和家庭管理者。"她说，"而我把我所做的一切都看作应该做的，不去质疑它们。我觉得我别无选择。"

"也许,"我尝试着说,"某种程度上,由他来管理我们让你松了口气?"

"好吧,我只是觉得他知道该做什么。我顺从于他,并不是支持他对你们的所有管理方式——我一向觉得他太严苛、太暴躁了。我真的和他谈过,但他说:'噢,我并不是真的发火。'我说:'但是你表现得很暴躁,大家就是这么看你的。所以——这是你的一个毛病。'"

她停顿了一下:"但是你也明白,凯西,他也热衷参与每个孩子的体育活动啊。"的确,我小时候,他和我玩棒球,后来和我弟弟玩。我经常打网球,但只要我请他一起,他几乎都会同意。他教会我坚韧。"而且他对那谁也相当好。"她指的是他们的一个密友,刚刚失去了丈夫,"上周末他开车接她和我们共进晚餐,又送她回家。她很感激他的。他对老朋友们都十分真诚。"

没错,好吧。"那么他在国家公园和导游争执的那次呢?"

"那次我真的气疯了。"她说,"我好像陷入泥潭,感到羞辱而愤怒。我和他说过这件事,但他和我的看法却完全不一样——现在也没有改变看法。最近有个朋友也参加了那个行程,他和她讨论过那次旅行。他承认自己当时很讨厌,可也认为是那个导游所应该承受的。他认为自己并没有享受到与付的钱对等的旅行,所以有权利投诉。我当时感觉——我是说,他甚至对她说了'操你妈'(对导游)。我真的不认为那种行为会受到同行游客的欢迎。"她停了停,接着说,"不过老实说,这些小事情我都不记得了!要不是你提起,我全忘了。我也的确认为这是健康积极的逃避,让婚姻得以持续。"

我点头。我明白,就算不是所有,那至少也是在多数持久的婚姻关系中,不仅有实用主义,也有一些(健康的?)逃避。"那么小皮(我女儿)

大学一年级休学那次呢？"我问，"你还记得他当时的反应吗？"我唤起了她的记忆。小皮的家庭和学校心理导师都认为她应该在去上学之前花点时间适应，而他对她们的观点都嗤之以鼻，并且发邮件愤怒地谴责我，称小皮被宠坏了，要求我强迫她继续上学。"你是要永远受她所控吗？"他对着我喊，又对着小皮怒吼，"你不能让你兄弟也获得点关注吗？"仿佛休学是小皮想要成为家里的女王的手段——因为他正是他家的王。

"他可能只是想让你多管管孩子。"这就是母亲的回答，"就像他对你做的一样。她休学那件事，他并不支持，但是结果倒是让他满意。"他当然满意了。我女儿工作了一年，想通了一些事，回到了学校，成绩优异，最近刚刚毕业了——晚了一年。毕业时有朋友，有荣誉，还有她如果不休学就没办法获得的工作经验。我父亲参加了她的毕业典礼，笑容满面，仿佛再来一次也应该如此。

"你呢？"我问母亲，"你当时什么心情？"

"我担心她。"她说，"你看起来认定她有必要休学，所以我想——我的意思是，她毕竟是你的孩子。我想无论你觉得什么是最好的方法，我们都应该支持你。我保证我跟他说了这个。"在我的记忆里，她当时对这件事保持了全然的沉默，不过谁知道她私底下说了些什么呢？

我问起我最小的妹妹，艾米，她是名成功的经理人，创办并经营一个十三人的智囊团。父亲也经常与她吵架——现在我觉得次数肯定比我多。

"他为艾米和她的工作感到骄傲。"母亲说，"他认为她很聪明。"我笑了。当然比我聪明，她的分数比我高，而且去的是康奈尔。"而且他觉得她是个好母亲，也是位好妻子。"她接着说，"和她争吵也让他很难过。"她顿了顿，"和谁吵架他都是这样！但他不觉得那是自己的问题。"

的确如此。父亲几乎从不道歉。唯一一次我听他有真正的悔意，还是在提起"允许"我二十来岁的弟弟去圣地亚哥读研究生时，因为那起事故正发生在圣地亚哥。我们会想，如果他离家近一点就好了，父亲就可以看着他了。

好吧，听我说。我无法想象失去孩子的滋味，无法想象我们该如何承受。而他可以。当我提起这些时，母亲说："可是啊，凯西，你希望与他一同承担一切。而我认为，有些事还是让它就这么过去吧。不然看起来，就好像你总是想纠正他，或是——想要对付他似的。艾米有时候也会大声讲话，咄咄逼人，但是他们俩毕竟在政治方面以及其他事情上有更多的接触，所以他们的羁绊更深。而你，就只是单纯的更有敌意罢了。"

没错，还是没错——也很有道理，在某种程度上。长女总是最容易受到影响的，在那个时候，受到他自恋和独裁的影响，我也从来没有后退过一步。

"那他用你的账号登脸书的时候呢，"我问，"这没有困扰到你吗？"他没有自己的主页，所以就用她的。他评论她"好友"的更新——比如我的，时而扮演幽默，时而表现敌意，让我的朋友和读者都看得见（有很多我都不认识）。我登录上去看到，摇摇头，赶紧删除，删除，删除。

"他没有以我的名义。"她说，"他一向都签自己名字的缩写。"但这没用，是她的头像，她的名字，何况有时他会忘记签名，更何况真的有人看见他评论的时候，能理解结尾那个"LBH"指的是他而不是她吗？我曾经对她说，如果她再不管管他，我就和她解除好友关系。这大概管用了一个礼拜吧。

最后我说："你害怕过他吗？你曾经在争吵中想要离开吗？"

"有过几次。"她说,仿佛不大记得清似的,"他大吼大叫的时候让我很心烦。但是我不可能离开的。我们在一起度过了一生。无论发生什么,都能解决。"她停了一会儿接着说,"我想他也不能像以前那样大吼大叫了。"

我笑了。如果说爱情令人盲目,那显然爱情也令人失聪。父亲一直是那样的人——至少我认识他的五十五年来一直如此。母亲亦然。

我感谢母亲花时间回答我的问题,也感激她的坦诚,然后挂掉了电话。

这就是故事的结尾——也许是后记。1953年,母亲遇到了她的梦中情人。1957年,他们结婚。那时她年仅十九岁,穿着雪白的圆领连衣裙,发誓从此长相厮守,无论顺境逆境,直到死亡将他们分开。她那双不知疲倦的绿色眼眸里闪烁着笑容,作为一个温柔而充满爱心的男人的女儿,她坚信无论生活赐予何物,都将微笑以对,她因此走进长达一生的婚姻。在这场婚姻中,我的父亲将为她遮风蔽雨,为她做所有决定;而她则将全盘接受——她正是这样做的。作为回报,她拥有了一个忠诚的丈夫,即便她的丈夫时不时地对她吼叫、发脾气,时不时地扇她的孩子、斥责他们,他依然是支撑她和孩子们生活的那个男人,用文化素养充实了她的人生。他依赖着她,正如她依赖他一般,坚定地、强烈地依赖着她。

他暴力吗,也许只是固执己见、铁汉柔情?这真的重要吗?标签只是标签而已。正如埃利·威塞尔[1]所说,爱的反面不是仇恨,而是冷漠——如果有个词绝不能用来形容我的父亲,那一定是冷漠。他就在那里,正中央,最前方,就在你面前,永远在那里。历经六十多年,拥有四个孩子、六个孙子、许多只狗,共享许多段旅行后,我的母亲仍然对此温柔接受。

---

1 美籍犹太人作家和政治活动家,1986年诺贝尔和平奖得主。

她就站在他的身边，凡事以他为重。

　　母亲的谜解开了，我意识到：根本不存在什么谜——事实上，只是我私心希望这个故事不那么平庸。就像她自己的父亲那样，母亲处理生活中的挫折和问题的方式，只是默默地等待它们过去，而非过多分析。她忙忙碌碌，便可以睁一只眼闭一只眼，尽可能地处理真正存在的麻烦，而非被琐事打败。她不像我，她不曾需要，也不再需要生活的答案。她十六岁就开始整理自己的床铺，六十五年过去了，她依旧每日睡在那张床上，乐观而满足。她就是我所看到的那样，就是我所希望她成为的那样。大多数时候，她想要的正是她所拥有的；其余的时间，她则忍耐，耐心等待事情好转。前些天，父亲看见我在做的事情，觉得我只是在帮倒忙。他对我说："她很幸福。别让她以为她不幸福。"

　　他是对的。所以我不再做那些事了。毕竟，她的故事只是她的故事：一个爱情故事，一个属于她的幸福结局。

　　而我的故事——与爱有关的故事，是啊，也是宽恕的故事——是属于我自己的。

地母节
Thesmophoria

梅丽莎·费柏斯
Melissa Febos

1. 下降

雾气自罗马路边的人行道氤氲而至。2015年7月的一天，空气中弥漫着热浪、烟雾和尾气。我已有近二十四小时没有合眼，又在机场等了三个小时才租到车。在不绝的喇叭声和摩托车轰鸣声好似黄蜂一般的围绕下，我驱车入城，在不知是否可以停车的地方把车停下了，再沿着拥挤的人行道迂回前进，才终于找到了预先租好的房子。我走进这间迷你公寓，拉好窗帘，爬上铺着粗糙白床单的陌生床铺，往脸书上发了一张我疲惫的面孔并配上文字："到达意大利！"然后瞬间进入了梦乡。

三个小时后，我被手机吵醒，是我妈妈发来的三条短信。几个月前，她安排好了心理咨询来访者的预约，买了来那不勒斯的机票。四天后，我就要去机场接她。我们会从机场开车到索伦托海岸的一个小渔村，那是我外婆降生的地方，我在那边也租了一间为期一周的公寓。

你在意大利？

我的机票是下个月的！

小梅你人呢？

恐惧的长矛刺穿了时差的迷雾，一瞬间，我的胃里翻江倒海。我一边祈祷自己没有犯下如此巨大的错误，一边疯狂地翻查我们所有的邮件，检查每一个日期。我真的犯了这个错误。在我们最早计划这次旅行的几封邮件里，我打错了日期。虽然几周后我们都给对方发了机票预订确认函，可显然谁都没有仔细看。焦虑使我的脑袋嗡嗡作响。

双人假期彻底被毁了，但相比较由此引发的失望，我感到更多的是惶恐不安。一方面，在我睡觉的时候，她一定已经忐忑了几个小时；而另一方面，我更为她即将感受到的失望而不安。这种不安已经远远超过了她也许会生气的担忧。这种情况谁不生气呢？况且我妈妈的气从来也生不长。

想象一个结构，一个像蜂巢一样精致而复杂的结构，它会因为一个粗心大意的错误而轰然倒塌。不，我应该想象一个结构，一个早已千疮百孔的结构，只不过这是个更严重的错误罢了。我所感到的惶惑并不源于我的理智，而源自本能，源自某种有形的逻辑。在这一逻辑线上每一个错误都有迹可循，我相信总有一个错误会让她彻底伤心。

第一年，世界上只有我们两人。我妈妈是个孤独的孩子，她想要一个女儿，于是有了我。这是我所知有关自己的第一件事。梅丽莎，意思是"蜜蜂"，源于德墨忒尔的女祭司的名字。梅丽莎，其中"梅丽"就是"蜂蜜"的意思，"梅丽迪亚"或是"梅丽诺亚"，这都是珀耳塞福涅的化名。我们都熟知这个神话故事：冥府之主哈德斯爱上了珀耳塞福涅，于是绑架了她。谷物女神、珀耳塞福涅的母亲德墨忒尔，因失去女儿的悲伤而疯狂。她无休止地寻找珀耳塞福涅，以致农田荒废。宙斯在德墨忒尔和饥饿的人类的哀求下，命令哈德斯将珀耳塞福涅归还。哈德斯遵从了宙斯的命令，却让珀耳塞福涅吃下了四颗石榴种子，迫使她每年有四个月要留在自己身边。而这四个月便是——冬季。

我不知道用自己的身体创造出一个人是什么感觉。也许我永远也无法得知。不过我知道做一个女儿的女儿是什么样的。一开始，我们之间没有距离，接着就有了一点。她一直母乳喂我到两岁大，那时我已经可以说完整的句子了。后来她喂我吃香蕉和喝开菲尔[1]，我至今仍怀念那酸酸的滋味。她给我唱歌，让我靠着她长着雀斑的胸部入睡。她给我读故事，为我做饭，走到哪里都带着我。

被爱是多么美好的恩赐啊，它给人以安全感。每个孩子都是为此而生，可并不是每个父母都能满足条件，但她能。我的第一个父亲不能带来安全感，所以她离开了他。一开始我们住在她妈妈的家里，后来搬去一个大房子，和一群决定不需要男人的女人住一起。有一天在海滩上，我们遇到了正在弹吉他的船长。后来他成了我真正的父亲。自我们相识那天起，他就没有与我们两个中的任何一个单独相处过。时至今日，只要我见到他，说不到两句话他一定会说："啊，就刚才，我发现你和你妈妈长得一模一样。"

他们都珍视我小时候的记忆，那时我还是个胖乎乎的快乐的小孩，嘴巴讲个不停。"你真可爱。"他们说，"我们得看好你，不然别人就把你带走了。"

一旦他出海，就又只剩我们两个人。我弟弟出生后，她向我吐露被他留在岸上的艰难。她的眼泪是海雾的味道，冷冷地贴着我的脸颊流下来。像他们宠爱我一样，我宠爱我的弟弟，那是我们的孩子。

---

1 开菲尔(Kefir)是以牛乳、羊乳或山羊乳为原料，添加含有乳酸菌和酵母菌的开菲尔粒发酵剂，经发酵酿制而成的一种传统酒精发酵乳饮料。

父母分开后,他们尝试过巢居——孩子们住在家里,而父母轮流来住。父亲第一次从海上回来那次,妈妈住在城市另一边租的房子里。我强烈地想念她,想到快要生病了。我对她的渴望仿佛自我的瓦解,或是自我的升华——集中于令人战栗的孤独的痴迷。玩具无法带给我快乐,没有什么童话故事能拯救我。为了保护我已然心碎的父亲,我将自己的绝望隐藏了起来。我只能偷偷地给她打电话,向她私语:"请你来带我走吧。"我从未离开过她。因此我也从未意识到,原来她便是我的家园。

我的生日是在古希腊历的第四个月,正是珀耳塞福涅被掳走的那个月,是德墨忒尔的绝望使大地荒芜的那个月。雅典的女人在那个月庆祝地母节[1]。这个为期三天的地母节祭祀仪式是男人无法获知的秘密,包括埋葬祭祀品——往往是猪,挖出前一年的祭祀品献给女神,以及播下这一年的种子。

十三岁,我月经初潮,妈妈想要举行聚会。"小型聚会,只有女人。"她说,"我想庆祝你成为女人。"可这已经太晚了。我激动的远不仅仅是自己开始拥有生育能力,而是在我身体里游走的荷尔蒙,是我们破碎的家庭,是我童年的终结,是我每晚自慰的高潮。这些变化并不都是坏的,她让我学会了敬畏其中的大多数。但仍然有些东西,她不曾为我做好准备,也无法为我做好准备。这一切不能宣之于口。总之,我死都不愿意和她庆祝这一天。

---

[1] 古希腊纪念丰收女神德墨忒尔的节日,只允许女性参与。节庆共持续三天,本文的三个小标题"下降""斋戒"和"降生"原文都是希腊语,依次为该节庆三种仪式的名称。这是古希腊女性祈求农业丰收、繁育健康子女的重要节日。

有时，被爱也是痛苦的。甚至，是无法忍受的。我不得不拒绝她。

. . .

心理学家对此有诸多解释。哲学家亦然。我读过有关分离、分化和个体化的书籍。书上说这是十分正常的障碍，是必然经历的痛苦，尤其对于母女而言。书里说，母女关系越紧密，女儿想要个体独立就更加艰难。这些解释有一定帮助，即使我也并不再寻求什么准许、阐释或是保证，来告诉自己我们是个普通的分离案例。至少不仅如此。我也很想从另一个角度来理解，所以，有必要从她的角度重新讲述我们的故事。

我想象有这么一个爱人。我与爱我的人相伴十二年，亲密无间，不曾间断，不曾分离。在这段爱中，责任与关爱的重担全部压在我的身上。我猜除此以外应该还有其他责任。比如在德墨忒尔的故事中，土地的丰收、人民的糊口、生死的循环，也全部是她的责任。十二年后，我的爱人拒绝了我的爱。但她虽不曾离我而去，并仍旧依赖于我——我还要供她衣食，接送她，照看她的身体，偶尔给予她安慰。但在多数时候，她开始不愿接受我的照料。她几乎完全将我从她的世界放逐。她暴躁，她痛苦，甚至可能身处险境。我每向她走出一步，她都往后退好几步。

自然，这并非完美的类比。我之所以这么说，是我们有太多的故事来描述浪漫之爱，性欲之爱，婚姻之爱，但没有一个适用于作为母亲才感受到的心碎。唯有通过上述的想象和已知的爱，我才可以勉强猜测她的痛苦。我们两个成年人之间的依恋关系类型，早在最初的关系中就已经被决定了，不是吗？我也不止一次地感受到失去同爱人之间的关联的惊慌，而谁是离开的那一个并不重要。这如同违背自然的犯罪，继续活在这具躯壳中是一种折磨。对她而言，应该是这样的。当德墨忒尔看着珀耳塞福涅被黑色的战车带走，被大地张开的巨口吞噬之时，她的感受应如是。

11. 斋戒

那个周六，我和特蕾西在图书馆度过。我是这么告诉妈妈的。当晚我走上车时，夕阳已经落到高楼后边。春日下午的温度已转凉，不远处港口的微风带来浮标钟轻柔的叮当声。我滑进副驾驶座，系好安全带，向特蕾西挥手告别。她转身往家里走，我和妈妈看着她离开，T恤的衣角在风里卷起。她的背很直，走起路来有点儿像机器人，就像乔希在我的内衣里探索时那样，他口中的热气喷在我的脖子上。妈妈的注意力转向我。

"你身上有性爱的味道。"她说。她的声音里并无怒气或是讶异，也不冷酷，只有疲惫。声音里只有恳求。求你，这个声音说，告诉我真相。既然我已经猜到了，就让我们一起面对这件事。

把因羞耻引起的震惊演绎成被怀疑时的惊讶，是我的拿手好戏。我曾表演过，我们都知道。

"我没有过性爱。"我说。我让自己相信这一点。

妈妈把车挂一挡，转向停车场出口。"性爱不仅是交媾。"她说。车在沉默中往家里开。

我不记得那天晚上我们是否谈了信任的话题。我们曾多次谈起它来，妈妈尝试和我达成谅解，尝试拉近我们的距离。她解释说，信任一旦被打碎，就很难重筑。然而与其说信任是神圣的，还不如说信任破裂意味着丧失某种程度的自由。谈话没有效果。她不想剥夺我的自由，她只希望我回家，回到她的身边。也许我明白这一点。与其说她不喜欢我用谎言拉开的距离，不如说她应该更不喜欢我的沉默，不喜欢我生闷气，不喜欢我重重地摔卧室门。当然，我赢了。我们各自拥有对方想要的东西，但只有我是决绝的。

多少次，她都可以说我是骗子；多少次，她都可以相信我就是个骗子。我毫无感情地拒绝承认我们心知肚明的事情。我在朋友家过夜，她们的哥哥半夜用一杯水把我骗进房间或借口和我一起待在厨房；一个朋友的妈妈制毒，我帮她们传送；我偷偷地把男孩子们带回家，看完电影和他们在一起。在后院，在地下室，在码头，在走廊，成年的男人们对我动手动脚，而她，无能为力。

...

数百年来，上百位艺术家描绘过珀耳塞福涅被强暴的故事。"强暴"被演绎成"掳掠"的同义词。在多数艺术作品中，珀耳塞福涅在哈德斯的怀里挣扎，试图将她柔软的身躯剥离他肌肉发达的手臂和健硕强健的大腿。例如吉安·洛伦佐·贝尔尼尼[1]著名的巴洛克式雕塑作品，哈德斯的手指掐着她的大腿和腰身，白色的石头仿佛真正的血肉那般柔软深陷。她的手推他的头，这是一个强奸受害人的真实动作。一些作品显得其他作品似乎过于罪恶。在伦勃朗的画作《掳走珀耳塞福涅》里，战车正冲进翻腾着泡沫的黑水里，海中的人紧紧地撕扯着她的绸缎裙子。哈德斯抓着珀耳塞福涅的大腿根，她的长裙遮住了其他部位。

妈妈肯定害怕我遭到强奸。这是可预见的危险。现在回想起来，我甚

---

[1] 十七世纪意大利著名的雕刻家和建筑家。

至因为它竟然从未真正发生过而感到奇怪。也许是因为我也和她一样感到害怕，也许是因为我经常向用强的人屈服。

她一定觉得这就像一场绑架，仿佛有人偷走了她的女儿，却找了个女祭司来替代我。我选择离开她，选择对她撒谎，选择追寻那些地方，让肌肉健硕的男人们可以把手放在我身上。而我还是个孩子。那么，是谁绑架了我？是那如烟般充斥着我的身体、把其他一切都赶走的欲望吗，我们能否就称其为哈德斯？我感到恐惧，是的，但又追随着他。也许这才是最可怕的一点。

希腊人普遍遵循了斯巴达婚礼中的一个习惯，就是新郎要抓住扭动着的新娘，把她带上车"掳走"。看起来，这是对珀耳塞福涅被绑的完美模仿。

我们都知道，强迫爱人这件事，本身就是种诱惑。可是，我们的心又是如何区分的呢？矛盾心理折磨着我，引诱着我，把我从家推入黑暗。我知道这很危险。厄洛斯[1]就像引擎一样在我体内嗡嗡作响，我甚至分不清这到底是恐惧还是渴望——两者都让我战栗，仿佛我的身体才是个陌生人。女儿们本就会离开母亲，去黑暗中摸索男人们强健的身体，然后反抗他们。我妈妈一定预见到了这个场景，她一定希望自己会是个例外。

但妈妈不也是我的爱人，我的绑架者吗？我最猛烈地推开的，难道不就是她的手臂吗？我就像斯巴达新娘，如果她真的放手让我离开了，我也会心碎。一个女儿最初的另一半便是自己的母亲。

荷马在《致德墨忒尔》中写道："其后的九天里／威严的德墨忒尔手

---

[1] 厄洛斯：希腊爱神，此处是爱欲和情欲的象征。

持燃烧的火炬 / 游遍世界。"[1] 随后，她化作老妪，做了厄琉西斯[2]一个男孩的守护者，试图让他得到永生，未果。

我妈妈成了一名心理医生。她带了一个金发女人来家里看顾我和弟弟，而她自己乘着灰狗长途汽车去城里，回来的时候腿上多了一台文字处理器。心理医生的工作恰恰就是理解我所说的这类事情，其工作内容与作为一名母亲的工作并无太多不同，只是更安全。这份工作是协调，是关怀，而非共生。在需求上，它无须相互回应。她的病人也许就是无法得到永生的厄琉西斯男孩，但她依然帮助他们，仿佛是在弥补我所缺失的帮助。

离十七岁还差几个月的时候，我和她说要搬出去。她没有试图阻止我。我知道她不想我走。"也许我应该拦住你，"她不止一次对我说，"我只是害怕那样反而会让我永远失去你。"

我尝试着回忆当时。我明白我们之间紧张的关系随时可能会破裂。在我搬出去的时候，其实我已经妥协了一些。如果她阻止我，我还会离开吗？我想不会，不过可能这只是现在成熟的我对当时那个不成熟的女孩子的美好愿望。不管怎样，我终将来到冥府。

哈德斯同意把珀耳塞福涅归还她的母亲。在宙斯的坚持下，他让步了，只提出了一个条件：一旦珀耳塞福涅吃下冥府的任何食物，她都必须每年在哈德斯身边待半年。珀耳塞福涅知道这一点吗？知道，也不知道。在有些版本里，她认为自己很聪明，可以逃脱他，就算吃下食物，也依旧可以

---

1 出自《荷马颂歌》，这是一部古希腊颂歌集，并非荷马所作。这些诗歌采用荷马的语言和韵律，古希腊人将它们归于荷马名下。
2 古希腊重要的宗教中心，位于雅典西部。

回家。经历过无数次重复和改编，神话中有太多的漏洞，大多数神话都没有按照时间顺序来发展。神话也不过是对故事的一段记忆，只是历经了时间。如同任何一段记忆，它也会改变，有时是出于人的意志，有时是出于某种必要性，有时则是因为遗忘，甚至是出于审美目的。

石榴种子是那么可爱，像红宝石，又如此甘甜。总之在每一个版本的故事里，珀耳塞福涅终究都吃了下去。我最早接触的不是海洛因，而是冰毒，我们称之为"水晶"，使它好听很多，至少不会像我们公寓空气里弥漫的焦味一样，锡箔纸烧焦的味道如同用得太久的烤箱。那种情景，就像珀耳塞福涅在地狱度过的第一个冬天。我打电话回家对妈妈说："很抱歉这么久没打电话。我忙着上课。我交到了很好的朋友。"

我的谎言有一半是真的。我的确会去上课。我的确交了朋友，我还有一份工作，有住的地方，里面有一张浸着猫尿的床垫，一个月只要花一百五十美金。我妈妈当然愿意付更多的钱，但是如果她这么做了，她就会想用这笔钱买到更多的真相。当我坐着同一班灰狗长途汽车回家，吃着温暖的食物，环视我童年的住处，感受它洋溢着的富饶的生活气息时，就仿佛从冥府回到了洒满金色阳光的土地。我如此怀念它。我也迫不及待地想要逃离它。我心痒难耐，如欲望，如饥饿，如某种爱。设想，珀耳塞福涅爱哈德斯，这真的不可能吗？我们往往会爱上绑架我们的，我们往往会恐惧我们所爱的。我设想可以找到一条出路，若我们注定下半生都与某人绑在一起，不，永远都与这个人绑在一起。她是永生的。她甚至无法用死亡逃离他。

那应该是圣诞节或感恩节。我和妈妈、弟弟手牵着手围在桌旁，环绕着热气腾腾的食物。我们紧捏着对方的手指，将拇指贴在对方的手掌上。这个小小的三人集体，曾因父亲的缺席而如此悲伤，亦如此坚强，彼此如此强烈地相爱，直到彼时。

妈妈把碗洗掉，坐在沙发上对我们微笑。我在家里让她十分高兴。

"我们来玩个游戏吗？还是看电影？"

"我要借你的车。"我说。

我不忍回忆她当时的表情，仿佛我把她的心揉成了一团，然后随手丢掉。

"你今天还能去哪里呢？"

我记不清当时的回答，只记得她让我走了，也记得离开他们时我内心的痛苦。我打开大门，在身后把门关上，心里有什么东西被撕裂了，仿若一块补不好的布。但我还是在黑暗中点起一支烟，很快地把车开到路上。我猜测这就是一个男人为了情妇离家出走的感受。我真的感到自己既是父亲，又是丈夫。也许每个女儿都是这样。但也许只有那些父亲不在的女儿如此。

我没告诉过她我何时戒毒，何时戒掉一切。她甚至不知道我曾开始过。她只知道自己看到的东西，而那些就已经够糟了。你不可能从地狱爬回母亲身边，同时若无其事。如果要对她说别再担心了，那我首先得告诉她为什么需要担心。我必须永远对她隐瞒。如果珀耳塞福涅告诉德墨忒尔冥府里发生的事，但又同时和她说自己一定会回到她身边，这将会发生什么？怎样的女儿会那样做？哈德斯可比海洛因可怕得多。

我做施虐女王这份工作一年以后，妈妈来纽约看我。她知道我的工作，并认为这就像一种无性别的女权主义追求，或者说，至少只是表演而已。如同之前的许多次一样，她没有质疑我。

有一晚我们正要外出晚餐，她看见我卧室门后面挂着性用品。我并不想让她看见，只是太粗心了。

"我知道他们逼你用那个做什么。"她说，语调十分勇敢。我没有回答。假如几年以后，现在的我想避免当时的伤痛，我认为，承认那是我自己要用的，可能会是一件更简单的事情。那可能会有点尴尬，但没有那么痛苦。她知道他们"逼"我做什么吗？可能吧。我不会去猜想她为什么会懂得这些。

我们并非不谈论性。有时候我们会谈。我们不谈的只有我不想谈的事情。那一部分的我，她可能根本不认识。那些事，她可能根本不认可，甚至会单纯地被它们所伤害。那些事我无法用语言来形容。

母亲，他没那么坏。珀耳塞福涅也许会说。"这很难解释。下面是个完全不同的世界，那是我另一个家。"但我能理解她为何不这么说。

又是一个节日，晚餐后，我们三人蜷在沙发上，饱得感到了困意。

"我要借你的车。"我说。

她央求的表情是那么美丽，又是那么悲伤。

"你还能去哪里？"

"我得去一个聚会。"我说，然后又解释道，"不是好事。"

她想知道有多不好，也许她以为自己知道。

"很糟。"我说。

我告诉她的少之又少，却仍然伤她许多。

"一切都更说得通了。"她说。她的表情是那么疲惫，以至于我真想收回所说的话。

对一个你深爱的人，对一个你想保护的人，应该说多少？或许待你终于安全上岸，再告诉她们真相会好许多？我不愿意看着妈妈在过去里苦苦追寻，解开一个个我所保留的真相。谎言让我们所爱的人变得愚蠢，而我们以背叛为代价来守护她们，这是个脆弱的等式，就像在抵押房产来还车贷。同时，我也是在保护我自己，我总是在保护我自己。有些事如果再不说出来，连我自己都无法再去相信。但若要告诉她真相，我只能先直面真相。

三年后，我给她寄去我写的书。

"读完之前你不能给我打电话。"我说。我在书里写了所有未曾告诉她的与那个职业有关的事情，写了那并非什么女权行动，更不是什么表演。"随你要读多久。"我说。盼着她读那些东西的时间越久越好，不要来找我说话。

她同意了。

第二天早晨七点，电话响了。

"妈妈？你看完书之前不能给我打电话的。"

"我看完了。"

"你看完了？"

"我停不下来。我一次次地把书放下，把灯关掉，但是又一次次地开灯，把书拿起来。"

"为什么?"

"我得知道你没事了。"

那是她最艰难的一次阅读经历,她告诉我。这是一本巨作,她告诉我。

第二年,她偶尔会和我聊起,她的同事看了这本书后对她说的难堪的话,她如何解释我的过往,而有时也不知如何解释。

"我也有自己的难处。"她有一次说。我知道她的本意是想要我多少理解她所承受的痛苦。活着,并讲述。我做出选择,要向这个世界讲述我无法述之于口的东西。只有这样做了,我才能迫使自己谈论它们,即便我仍旧很难与她谈论这些。我选择揭露的事情也迫使她不得不和外面的世界对话。尤为不公的是,我不想知道她所经历的难处。我不忍心去倾听。

十年后,我有了爱人,她送我许多礼物,摆出极为深情的姿态。她希望我永远聚焦于她。我这么做的时候,她奖赏我;我不这么做的时候,她惩罚我,用她的离开来惩罚我。她离开的时候,我体会到了熟悉的分裂感和令人不适的渴望。这是种折磨,是个强迫性的循环,而我不得不屈从。

我第一次带爱人回家那次,她从不望向我妈妈,她只看着我。吃饭时她只回答问题,从不主动说话。她的眼神追着我的眼神,仿佛在探寻什么。我甚至不能去看别处。

"她太关注你了。"妈妈说,"太奇怪了。"

我爱人给妈妈带了礼物,是一条薰衣草紫晶项链,像蚌壳内壁一样光滑。到房间里,她从行李箱拿出一个小盒子交给我。

"拿给她。"她说。

"可这是你送给她的礼物。"我说。

"你给她更好。"她说。

我知道妈妈也会觉得这件事很奇怪,就像她只看着我一样怪,就像她在短短的一趟拜访中也必须时时刻刻和我单独在一起一样怪。

"我会拿给她的。"我说。

后来的那几个月里,我曾试图把这种行为解释成爱人的负罪感。不过我清楚,她的自知之明还不足以让她对我妈妈感到歉疚。更有可能是,她把我妈妈当作竞争对手。我猜她害怕妈妈可以从她身上看出一些我尚未发现的东西。事实上,妈妈也的确做到了。但我仍然爱了那个女人两年。那两年中,我几乎完全远离我妈妈。我认不清自己身上发生的事情,也不想认清。就像我爱人一样,我拒绝去看我的母亲。我不想看到她看见的东西。

有几次,我哭着给母亲打电话。我还在做之前那个职业的时候也有过几次这样的情形。

"你觉得我是个好人吗?"我问。

"当然。"她回答。我能够清楚地感觉到她依然那么想要帮我。我挂掉了电话。我如此地想念她,前所未有。

终于下决心离开那个爱人的早上,我打电话给妈妈。这次,我没有等待三年,写了书再寄给她。

"我要离开她。"我说,"和她在一起比我告诉你的还要糟糕多了。"

"有多糟?"她问我,我回答了她。"那为什么不告诉我?"她又问。

"我不知道。"我哭着说,"如果我和你说了但又不离开她呢?"

她沉默了一会儿,说:"你以为我会反对你?"

我哭得愈加厉害,拿另一只手捂住眼睛。

"听我说,"她的声音沉稳而温柔,像一只手在抚摩我下巴,"你永远都不会失去我。我生命中的每一天都会爱你。无论你做什么都无法让我停止爱你。"

我没有回答。

"你听到我说的话了吗?"

III. 降生

把我第二本书寄给妈妈的时候,我们进行了长达一个小时的谈话。我向她解释了,写作为我创造出了一方天地,我于此间方能与内心的一部分自己进行交流。她也向我解释,这正是她的疗法能帮助病人做到的。我们过去也谈起过这些,但不曾这么深入。

几个月后,我们站在一间坐满了心理治疗专家的房间里,参加妈妈每年都会参与的研讨会。她在会议上向他们讲解之前在实践中使用并在世界各地进行培训的临床模式。人们的视线无法离开她。她是那么温暖、风趣而专业,顾盼神飞,浑身散发着魅力。你能立刻明白,为什么我们的邮筒里还会装满她几十年前看过的病人寄来的心意卡片。她讲完后,我站起来。我讲了写作如何让我重新回顾过去最痛苦的记忆,并找到了生活新的意义,得到了治愈。接着为了举例,我又带他们体验了写作练习,并借鉴了妈妈的治疗模式。治疗师们在笔记本上涂涂写写,我请了几位分享他们的成果。他们一边读,大家一边笑着点头。有些人哭了。

那整个周末,他们握着我们的手,赞扬我们的合作成果。他们称我们的合作为奇迹。"太神奇了。"他们问,"这是谁的主意?"

"她的。"我告诉他们。

其实德墨忒尔的故事还有个更古老的版本。每一段故事都会随着讲述而改变,尤其是每一个征服者、每一个殖民者讲述时,或是每个民族发展为另一个民族时,这类改变尤为不可逆转。这个版本存在于我们所熟知的希腊或罗马版本之前,估计它来自某个母系社会的神话,是那个社会的价值观缩影。

故事里没有强奸,没有绑架。故事里的母亲是生死循环之女神,她从容穿梭于冥府和地面,摆渡一个世界中死去然后到达另一个世界的人。她的女儿,按一些版本的说法,其实仅仅是这位女神的侍女,只是被赐予了同样的力量。也有些说,珀耳塞福涅就是古老的冥界女神,一直都是。

我想要的东西是妈妈所无法理解的,这件事一度令我恐惧。我想我俩都恐惧彼此之间存在的差异。为了向她隐藏起这种差异,我反而制造出许多自己恰恰希望回避的东西。并不是说我得告诉她所有真相——这有其自身的残酷性,不过我本该更信任她才是。我们的故事里那个年轻的版本,那个我多数时间都背负着的版本,那个我多数时间都如是告诉她的那个版本,也是真的:我一次次地伤害自己,也伤害她。但是就如同古老的神话,我们的故事也有另一个版本,另一个更智慧的版本。

并非珀耳塞福涅终于可以回家,而是她一直都在家中。这个故事是用来解释四季的循环和生命的循环。她在黑暗中度过的岁月并非自然的脱轨,而是自然的规律。我终于也可以如此看待自己。如同珀耳塞福涅,我的黑暗面是我在世界上的工作,我又一次次地回到母亲身边,二者都是我的家园。没有什么哈德斯，没有什么绑架者，只有我自己。地下的世界也无一不是我自己的一部分。我很高兴自己终于明白，我无须向她隐藏这一切。黑暗所不曾杀死我的，如今都成为我的力量。

两边的故事我都可以讲述，两者各自留有空间。前者，地母节的第一天，牺牲，是种残酷的仪式。后者，第三天，降生，人们取回前面的祭品，并在地里播种。牺牲，便成为丰收。我所经历过的残酷都可以如斯看待：下降，上升，播种。只要我们播种它们，每一个牺牲都可以迎来收获。

窗外罗马的街道上车马如龙，我盯着手机，恐惧感在心中越发强烈。我知道可以将在意大利的每一天都用来惩罚自己的错误，即便没人逼我这样做。我心中年轻的那一部分正惧怕着我俩脆弱的关系会承担不起这样的打击。然而，我要告诉那个自己，故事有新的版本；我要告诉那个自己，没有什么可以让妈妈不再爱她，我向她保证。然后，我给妈妈打了电话。

她快急疯了，当然了，而且很失望。但在这通电话的最后，我们两个都笑了。

几天后，我在外婆出生的小镇又给妈妈打了电话。

"你会爱上这里的。"我说。

害怕伤害到爱你的人和害怕失去他们之间，是有区别的。尽管在很长一段时间里，我都无法区分。我花了很多功夫，来分辨伤害所爱之人的痛苦与担心失去他们的恐惧。伤害我们所爱之人虽然无从避免，却罪不至死。我多么希望自己没有让她伤心那么多次。但无论我做过多少次，我都永远不会失去她。

一年后，我在那不勒斯机场接到她，然后驱车开往海边的小镇。我们在那里吃了两个星期的新鲜番茄和马苏里拉芝士,一起走在外婆走过的路上。我开着租来的车带她沿着整条阿马尔菲海岸公路兜风,还发生了小小的剐蹭。我一边开车,妈妈一边拿着我的手机拍摄公路下那令人震撼的蓝色大海,公路边陡峭的石壁,盘旋着跟随我们的飞鸟,以及建在山坡上的小小村庄。这美丽令人心悸,如同每一段我最爱的旅途中所见到的景象。

  回家后,我整理所有照片,删掉重复的,对着我俩幸福的表情微笑。我看到有段视频里,画面上只有她穿着凉鞋的脚——又宽又结实,和我自己的脚一起踩在我们租的公寓里满是沙砾的地板上。我们的声音录得十分清晰,当时是在欣赏风景。我猛然意识到,原来她一直都拿反了手机镜头。我吃吃地笑出声来,看画面里她换了另一只脚,当时我们在讨论外面路过的巴士。然后,我闭上眼睛,听着我们的话题从一个到另一个,听着我们看自行车飞速转弯时的惊呼,听着我们的笑声此起彼伏。

仙乐都
Xanadu

亚历山大·奇
Alexander Chee

由于尚未成年，我们得到特许，可以单独在一个房间里面，用录音机做口供。我在等候室里和另一个男孩一起坐着。那是我朋友，他耸了耸肩说："我要让他也给我搞个口活儿。"他往后一靠，双手一摊："我的意思是，我没事。这事儿没伤到我。"

我点点头，想知道自己是否也是同样的感觉。

当时我们十五岁，快十六了。我们曾一起在一个男孩合唱团待了很久，因为变声了刚退团。在更多细节刊登出来之后，我发现团里的很多男孩子都不得不转了学。我当时就意识到，人们对待我们这些受害者，就好像对待罪犯似的。我已经研究清楚人们得知你曾受到性侵的看法了。他们每个人都认为自己可以立马想出更好的处理方式，所以每个人都希望你能回答他们的问题，好来证实这一点。在公众面前站出来，尤其当你是个男孩的时候，就等于让别人告诉你，你搞砸了。他们要么含蓄地表达，要么就甚至直接挑明。

我同意作证，但并不想以受害者本人的身份。团长面临十五项指控。

我尝试用朋友的语气来录口供，甚至直接用他的叙述。

"事情没有那么糟。"我承认我是在自欺欺人，他也是。我不准备撒这个谎，至少现在不。但我也无法置身事外。

一年以后，我将再次想起这件事。那时候，我是在劝这个朋友不要自杀，告诉他，他不是同性恋。

我可以说他是我的朋友，可事实上，没有哪种语言里有哪个词汇，可以来描述我们彼此的关系。我们有过性关系，就在录口供那段时间。我们的关系始于一次露营，就在团长面前，为了取悦他。几个月后我们真正开始了这段关系，像是想要让这件事情过去。我们一起玩《龙与地下城》[1]——他总是扮圣骑士，我总是扮法师。我与他没有谈恋爱，但我爱他，一直到现在。我不知道如何定义我们这段无法命名的关系。有时候我把他视作自己的第一个男朋友，但是我们没有牵过手，没有一起去舞会——去过，不过是各自和别的女孩。我们常常沉默不语地开始两人的一天，这样的相处在那些时候让我感到更真实。我们没有相互认定过什么。我俩之间随便由谁来计划外出，做什么都可以。有时我会想，我们是否只是对方的安慰剂，但我不会知道答案，因为我们几乎从未和对方谈起自己的事。他在等候室里向我承认了那天发生的事，但我没有震惊，因为他说的事情我亲眼所见，就发生在我面前。

那件事发生的那段时间，我和团里的朋友们都有画堡垒的习惯。我们画精致的城堡，里面装满了士兵、武器、飞机、潜艇，那是不可能存在的建筑。对现在的我来说，合唱团就是这样的事物。或者说，我自己也是，内心充斥着复杂得难以解释的秘密。不过，也许画个概况图就可以说明一切，一个总结性的尝试。

我十一岁时加入合唱团。十二岁起，团长就开始接触我。这件事同时触碰到了我心中的两个点：一方面，我因自己的早熟而骄傲；另一方面，

---

[1] 一款复杂的角色扮演类桌游。

因为我是个混血儿、同性恋，被学校社会遗弃，所以我心里又感到羞耻。从一开始，他就让我相信自己很有天赋，让我相信自己比同龄人的心智更成熟，情感上也更成熟。在合唱团选拔的时候，他就称赞我的嗓音和视奏功底，选我做了声部领唱，后来又让我独唱。这意味着我要和他单独排练。我信任他，因为在我感到被世界所抛弃的时候，是他让我感到平等，甚至优越。我想表达的意思是，我是个韩美混血，在我出生的这个小镇，人们认为不同种族的人不可以通婚，遑论生孩子。每一天我都觉得自己像个怪胎，是个引人注目的错误，这和被人无视是同样的感受。

我的高音域可以跨越三个八度，高音强而有力，同时又可以与周围的和声完美融合在一起。我的视奏能力也很强，第一次读谱子就可以顺畅地唱出来。很快我就发现，虽然我在学校的同学们被种族歧视所影响，但在合唱团里，我是受欢迎的领袖人物。我广受喜爱，也赢得了友谊。到了中学，我仍然被边缘化、被孤立。但是在合唱团，我呼朋唤友。当时我急需一个归属之处，只是那时的我还没意识到这种需求。然而，团长知道。因此，他在我面前表现得好像只有他可以为我提供这样一个地方。现在我知道那就是所谓的受害人调教[1]。合唱团里都是富有才华的男孩子，很多都是我这样被排斥的人，很多都是同性恋。所以在很短的一段时间里，那里就是我的伊甸园，因为那也是个陷阱，为我们所有人而设的陷阱。我们为自己亲手制造的陷阱。

表面上看，我是去合唱团排练，实际上，我去合唱团的每一天，都是在逃离家庭，逃往看起来是世界上唯一一个接受我、支持我的地方。我们

---

1 侵犯者将受害者拉进一段性关系并将其维持的手段和过程，一般分为选定目标、获取信任、满足需求、孤立目标、性侵、持续控制几个阶段。

为越来越多的观众唱歌,他们的掌声是我从未想象过的,自己可以获得的安慰。

团长的罪行被揭发的同一年,我和家人埋葬了我的父亲。遭遇车祸近三年后,在一月的某一天,他终究还是去世了。这三年几乎贯穿了我在合唱团的整个岁月。在那段时间里,我迅速成为母亲的左膀右臂。三年前,医院的电话打到家里,告诉我们父亲遇到车祸,她就立刻赶过去陪他,把我们丢在家里,只留一个和我家交好的朋友照顾我们,后来,我们才知道更多的消息。我不记得自己还做了什么事情,只记得我一直待在客厅里,守着电话,等她打过来。在最初的那段时间里,就是来照顾我们的朋友来到家里和母亲离开家之间的那段时间里,我懂得了,这就是父亲之前提过的,如果他发生了什么事,那么我就必须成为家中扛大梁的男人,而我身体里的某些东西也随之改变了。

母亲打电话过来,电话响了的那一瞬间,话筒突然跳到空气中,朝我飞过来,就好像我用意念把它抬起来了似的。我看漫画的时候总会渴望自己有念力,忽然念力就出现了,就像是危机把它释放了出来,和漫画故事里讲的一模一样。然而就算这是真的,我显然也立马把这种能力封印了起来。这样的事情此后再也没有发生了。

我拿起听筒,是母亲。她在对我说话,但我几乎听不明白她在说什么,我只知道我们已经置身于另一个世界了。

我父亲是被车正面撞上的,开车的是他生意上的合作伙伴,伤势较轻,但几天后就去世了。我父亲则昏迷了三个月。那段时间,我们轮流去医院给他读书,据说我们的声音可以帮助他恢复意识。我不记得读了什么书,只觉得事情颠倒了,那个曾经给我讲故事的男人,现在显然只能在昏迷中听我念书,仿佛我真的可以用书来引导他醒来。我再也没有机会和他说,坐在床边给他读书,是一件和我的生命一样重要的事情:我为父亲的车祸感到自责。

在那之前的秋天,我请求父母允许我不上游泳课,这样我就可以和韦伯洛斯一家去溜冰。我的溜冰技术并不熟练,但是当时我最喜欢的电影是《仙乐都》[1],我就想在溜冰场,想象自己边在冰上起舞边放声高歌,就像奥莉维亚·纽顿-约翰一样沐浴着灯光——也暗自想象我就是她。然而事实上,我穿着溜冰鞋摔了一跤,左手臂着地。我看着我的左手,发现它像折断的树枝一样弯曲了。我发出一声尖叫,也许只有男童高音才能发出这样的尖叫。这声尖叫打断了溜冰场的音乐。记忆中在我尖叫的一瞬间,有束聚光灯照在我手臂上,而其他溜冰的人停了下来,音乐也停了,人们惊恐地看着我。

我母亲正在去溜冰场接我的路上。她靠边停车让救护车通过,心想不知道是谁受伤了。

我记得在医院里,医生一边固定我的手臂,一边说他扎进我手指的装置和中世纪的刑具一样,这个装置当时是用来刑讯逼供的,现在则用于分离断开的骨头,方便分开固定。古老的刑具让我的手臂终于可以平放了。手臂照了 X 光,打上了石膏。我很快就回家了,立马又后悔不已,因为实在是太痛了,于是开始吃止痛片。后来的几天,我知道自己再也不用去

---

[1] 1980 年的音乐电影,主演是出生于英国的著名澳洲女演员奥莉维亚·纽顿-约翰。电影讲述了希腊神话中的女神幻化成人间女子,用溜冰迪斯科为诱饵进行复仇的故事。仙乐都本身有"乐园""世外桃源"的意思。

游泳课了，教练对我十分生气。我们也不能去佛罗里达度假了，因为去了我也只会把石膏搞得满是沙子。

父亲出车祸那晚，他的车在雪地里打滑，撞向了另一个车道的车。我对自己说，我们本该安全地躺在沙滩上度假，我永远都不会忘记这一点。我等待有谁来指责我。石膏还留在我的胳膊上，痒痒的，奇怪的感觉。然而，没人对我说一句话。

三十五年后，我才和母亲讲起这件事。因为我终于意识到，我对这件事的理论只是一段记忆，却不确定它是否值得信任。我不敢看她脸上震惊的表情，就好像她眼睁睁地看着我变成了一个未知的怪物似的。"是因为你父亲的工作，我们才取消旅行的。"她说，"不是因为你的手臂。"我不知道自己是否相信她说的话，但知道至少她自己相信了。

我曾确信自己听到的那段对话，那段告诉我旅行泡汤了的话，难道是我自己编造的吗？光是我的手臂的确阻止不了我们的旅行——毕竟，我父亲当时在谈的是一笔数百万美元的国际生意，他不可能在谈了一半的时候带全家去度假。父亲相信这笔生意将给他带来巨额财富。他曾带我去看过豪车，打算买一辆犒劳自己。他还在试驾的时候把车开到学校来接我们。曾有一个星期，他先是开来一辆敞篷奔驰，白色车身，红色真皮内饰。第二天，是一辆阿尔法罗密欧。再后面一天，开来的是捷豹。他喜气洋洋地推开门，笑容是那么灿烂。接着，那个可怕的冬天就来临了。

几年后同学告诉我，他们一度以为我家很有钱，以为那些车都是我们自己的。

隔了如此久远的时间回顾，我终于可以意识到，让他难以忍受的不仅仅是自己的伤势——左半边身体瘫痪，仿佛事故在他身上划下了一道分界线，他所有的梦想也从此破灭。他自小是个习武之人，正因如此，哪怕伤势更轻的司机都被车祸夺去了生命，良好的身体素质也使得他得以幸存。他一生都在训练自己，让自己可以在任何境况下存活下来，他做到了，可他却想死。

他一辈子都很强壮。这个男人，几个月前他还和我比赛水下憋气游泳，一口气就游了五十几、七十几码，不带喘气的。这个男人，学校里其他孩子欺负我以后，他就把我带去地下室，教我拳击，让我学习空手道和跆拳道。这个男人，因为我害怕大海怕得哭起来，就把我扔进巨浪，多年来一直教导我要战胜激流。"你必须游得很好，只有这样，即便船沉了，你也可以游上岸。"他如此教育我们。

而我却不知道此时此刻，岸在哪里。

我才十二岁。父亲是我的英雄，但他已经卧床不起。我认为是自己害了他，是我自己粉碎的胳膊把他推进了那辆车。甚至直到四年前我仍这般认为。

在那三年里，父亲的身体逐渐从重伤中恢复。我们当时并不知道这重伤终有一天会夺走他的性命。他从昏迷中醒来，头一年住在家里临时搭出的卧室，本来那里是客厅。他既愤怒又绝望，有时会自杀，所以每天放学回家，我总是先去看他再做作业。家族派了个韩国的表亲住在我家陪他。那是个我很喜欢的老人，尽管他看起来总是很不安的样子。他和我父亲一起看韩剧，打牌。父亲以前是个厉害的扑克玩家，玩扑克也的确驱散了一部分悲伤和愤怒的阴霾。我们曾为他能活下来而努力，可现在他自己不想活了，我们不由得感受到自己辜负了他。母亲教了我几道炖菜——美式杂烩,其实就是把意大利面和番茄肉酱混合起来;"得克萨斯杂烩",本质上和美式杂烩一样,只是把面换成米饭;还有一道炖牛肉,是把酸奶油倒在奶油蘑菇汤里,再浇在牛肉末上面,我经常配米饭吃。母亲现在做渔业方面的生意。父亲是之前在谈项目的核心人物,现在生意自然是吹了。在一个男人为主导的行业里,母亲面临着许多困难。她常常筋疲力尽地回到家里,回到她深爱的男人身边。她曾如此深爱他,为他无视自己的家庭和传统,义无反顾地嫁给他。那些故事都是她在这段时间里和我讲的,比如这份工作让她和许多以前的女性朋友疏远了,比如她赢回了也必须赢回曾与父亲合作的人。我会倾听,有时一边听她倾诉,一边还会给她按摩肩背,再给她拿一杯加冰的苏格兰威士忌。在很多人眼里,我过去是、现在也是一个善于倾听的人,其实就是在这个时候学到的。

只是,我一直都不知道该怎么告诉她,我不在家的时候发生的事情。

众所周知,所有人都沉默的时候,我仍然会高谈阔论;所有人都在想却不宣之于口的话,我会说出来。所以自始至终我没有说这件事,都挺奇怪的。我回首往事,对我来说,这就像一个隐秘的桃花源。除了食物以外,我唯一的乐趣就是唱歌。后来,唱歌变成了我人生中的另一个地狱,另一个不那么可怕的地狱。

一年过去了,我父亲的妹妹劝我们,向我们保证她会在自己家里照顾他。她坚称,她家附近马萨诸塞州的一个医生也许可以治好他。我们和另一个表亲带着父亲一道去了,一年中往返两地定期去看望他。再往后一年,当我们发现,那个医生实际上是在父亲身上做试验,并可能威胁到他的生命时,就把他带回了缅因州。这次他是住在离我们不远的法尔茅斯一家疗养院里。

合唱团规模越来越大，也越来越专业。我一度因自己的领导力和知名度而感到自豪，然而，团长一旦从我身上得到了他想要的东西，就把我的这些特质视作威胁。他指责我用《龙与地下城》游戏制造小团体，试图孤立我。我仍然是声部领唱，但不再独唱。我和朋友畸形的关系是我生命中最沉默的中心，是我俩的秘密世界，我们每每走进这个世界里，便发生性关系。生命中其余可怕的痛苦在这些时候被抹去了。如今，我对他的记忆的色彩仍然是不同的，仿佛它们都属于另一个维度。

夏天最美好的回忆是在他父母的湖畔小屋里度过的。我们晚上偷偷溜去湖里游泳，在漆黑的水里最终寻找到彼此。我们是如何寻到对方，这段记忆似乎也被抹去了，或者出于某种原因值得被抹去。可我没告诉他这一点，所以也无从得知他的感受。有时我会想，如果当时我说了什么，那么会发生什么事情。

藏在我心中的秘密如果说出来，足以填满整个湖，但是我没有。秘密和我一起离去了。

然后，我就十五岁了。我像个好用的机器人，每天都把一部分自己用来处理该做的事情。有时候也会有爆发，制造愤怒的风暴。有一次和我弟弟打架，我想让他闭嘴，未果，就用膝盖抵着他的胸口。我至今还记得当时他眼中的恐惧。

我扮演厨师那部分自己的时候，离食物很近，所以我不停地吃。早餐是奶油芝士百吉饼，午餐是意大利香肠比萨，或是牛肉汉堡、芝士汉堡，晚餐就是穆恩斯特奶酪配烤牛肉三明治啦，波兰香肠加鸡蛋啦，还有火腿和融化的切达奶酪。"食物让我们最早体验到关爱。"我去看一个儿童心理学医生的时候,他这样说。是我母亲让我去的,因为我胖了太多。医生问我是否感到不被爱,我不知道该如何回答。我吃是因为食物让我感到快乐,毁灭性的快感;我吃是因为我太聪明,太敏感,太混血,太亚洲,太悲伤,太吵闹,太安静,太愤怒,太肥胖;我吃是因为我就为着自己想去溜冰,想被迪斯科灯光包围,就把自己的整个世界摧毁了,而我永远逃不出去,只有吃让我感到仿佛有路可走。就好像,我可以大口吞咽着,逃离地狱。

终于,我变声了。那感觉就好像喉咙里面的声带是个赝品,是一种挣扎,就好像什么东西正在死去。曾经可以唱出的高音,曾经照亮我的路,曾经像游丝一样的声带,它们都离我而去,使我被抛弃在黑暗里,至少是某一束光消失了。我还能听见它的声音,还能感受到高音充满我头部和喉咙的方式,就像在水下所需要的空气。相比我的身体,我的喉咙能唱出的音符像是一种更有力量的存在。

我这三十年都不曾学会用成人的嗓音唱歌,但我终将爱上一个人,他成年的嗓音会比高中乐团里任何一个明星的更为天籁。在那个遥远的将来,我们会一起去卡拉OK,会常去,直到我自己的声音也开始共振,好像我又回到了合唱团排练的时候。可我还觉得那是不一样的嗓音。这就好像一种嗓音离开了,另一种嗓音到来了,而非嗓音改变了。

我录供词的时候,用的就是这个嗓音。新来的这个。我描述了那些过程,描述他会选一个最喜欢的孩子,调教他,让他独唱,孤立他。我没说,自己知道这件事是因为他就是这么对我做的;我没说,他试图让我感到自己很特别,并认为其他任何人都不会有和我一样的感受;我没说,那个里面有许多孩子都是同性恋的儿童房间,是我最早的同性社区;我没说,我在那里找到了第一个男朋友，除了他以外，没有任何事情让我感到自己与这个世界紧密相连，而这就是我们很多人被选中的原因。我们如此相似——都是需要有人来支撑自己世界的男孩，都是以此为交易，让他为所欲为的男孩，都是没有父亲的男孩，或是只有破碎的父亲的男孩，都是和母亲一起努力挽救家庭的男孩。我说，这是别人身上发生的事情。我表现得好像我只是个配合的证人。我没说，我羞耻到想要寻死，感觉到仿佛是我自己让这一切发生的，而我让这一切发生只是因为自己是个同性恋。

这次作证对于那晚是一次很好的演习。那晚我朋友告诉我的事情，我没有说出口。那晚，我朋友打电话来，求我告诉他，他和我不一样，求我告诉他，他不是同性恋。他告诉我他手里有把枪，是他父亲的，而他如果是同性恋，就准备用这把枪自杀。"告诉我，告诉我，我和你不一样。"他说。我照样说了。"你不像我，你不是同性恋。"我说。我们终于谈了这件事，因为活着难道不是更好吗？至少对他而言是这样。我没说，很多时候我其实很累了，每次做饭的时候，就盯着厨房里的刀，盼着自己有勇气走上楼，给浴缸放满水，拿着刀子爬进去。我没说出口，相反，我把所有的一切都锁在喉咙里。然后我离开了法院，等待几年后一切爆发，就像遥远的战争留下的炸弹，被人遗忘了，但总有一天会从地底被挖出来。

二十年后，我站在布鲁克林的工作室里，拿着手机，畏惧地盯着它。这是 2001 年秋天我的第一部小说出版前一晚，我母亲正要去纽约参加我亚裔美国作家工作室的开幕活动。如果我再不给她打这个电话，就得站在她面前给她念这部小说，念这部有关从性侵和恋童癖中幸存的小说，而灵感则源于我的童年——这些自传式的故事，我从未向她讲述过。所以如果我不打电话,那么第二天晚上,她就会在一间挤满陌生人的房间里知道这一切。她将永远不会原谅我。所以现在,是时候了。

我可以和读者说,我记得这通电话,记得我说了什么,她说了什么。但那是撒谎。这段对话就像什么灼热的东西点燃了记忆,然后烧毁了。我只记得她很震惊,也不理解为什么我从没和她提及。我也不理解,可我现在理解了。

我们的家庭经历过炼狱一般的日子,而这就是我为了存活下来所做的挣扎。我终于懂了:我从未告诉过她这一切,因为我确信这是在保护她,而并非因为我对此感到羞耻。我知道这件事会让她悲痛,是她的又一场灾难。我是她的左膀右臂,她需要我,我不能被打垮。因此,我把自己藏在一个更小的灾难里面,让自己得以从更大的灾难中存活。我把我自己完全隐藏起来。而我母亲,带着父亲多年前梦想的遗骸,日复一日地去工作,回家,回到我们身边——回到她的三个孩子和她曾深爱的男人身边,而那个男人现在身受重伤,一心求死。我母亲需要我。

第二天我给了她那部小说,小说里写了性侵的隐秘细节和它所导致的一切后果。我父亲的车祸,他的绝望,以及我是如何从这些事件中幸存下来的种种,并没有写在书里,不过我尝试写过。"没人会相信,这么多不幸的事情会发生在同一个人身上。"我的第一个经纪人这么对我说,所以我在草稿里把这些内容都删光了,并编了其他一些明显更可信的悲剧情节。这么多年过去了,我生存下去的一种方式,就是把这些书里删掉的情节同样从我的记忆里删除。写这部小说让我明白,只有那场小灾难是我可以承受的,即便我从大小灾难中都幸存了下来。

读完那部小说的片段,那个我曾对她隐瞒起来的世界也随之展现在了字里行间。我在众多听众里找到了母亲的那双眼睛。她在微笑。我敢肯定,虽然这对她来说很艰难,但她同时也在为我骄傲,比以往任何一刻都更为骄傲。

如此这般,我们彼此渡过了难关。

米内塔巷 16 号
16 Minetta Lane

迪伦·兰迪斯
Dylan Landis

爸爸朋友们的妻子从不熨衬衫。

"我肯定她们也不用擦地板。"我妈妈平静地说。她是在对我说话,也是在通过我说话。当时我们两个正在纽约公寓楼的电梯里,准备去负一楼。那里有个叫弗洛西的女人,我妈妈给了她两美金,让她教自己怎么熨男人的衬衫。

妈妈告诉我,那些妻子都有心理学或社会工作学的学位,所以也会接待病人,就像我爸爸在客厅里做的工作那样。

"就当作我有自知之明吧。"妈妈一边说,一边和我走出了电梯,来到了负一楼结构复杂且空荡荡的灰色走廊。

那是1964年,我八岁。我上的是公立学校,管理严格,女孩子是不允许穿裤子的,即便外面下着暴雪。我爸爸当时正在写他的心理学论文,主题是"自我疆界"。我一直半信半疑地认为"自我疆界"是我们家躲在阴影里的第四个人。爸爸和我开玩笑,说等我长大,会拿到博士学位,就可以接手他的事业,而我也一直如此相信。

他没有和妈妈说她会拿到博士学位。

我妈妈是个家庭主妇。

我们走在负一楼的宽阔走廊里,两边是一扇扇紧锁的房门。大楼管理员那个红头发的女儿,希尔达,就住在这里的某一扇门后面。我们像溜冰一样走在天鹅绒般光滑的地板上,瞥见了奥托。奥托是楼里的搬运工,胳膊上纹了个数字,他睡在储藏室的旧报纸堆后边。

洗衣房弥漫着潮湿羊毛的香气,干洗机发出隆隆的响声。妈妈语气轻快地向弗洛西问好。她抬起头来,朝妈妈微微一笑。她对所有和她说话的人都报以这样千篇一律的微笑。她的脸上有深刻的皱纹,皮肤像李子一样黝黑,又像鸟一样娇嫩。她的熨斗看起来相当重,砰砰地敲在熨衣板上,就像持续不断的缓慢心跳。

我们公寓楼里的主妇们请她熨衣服,每件衬衫二十五美分。

我从洗衣机里拖出洗好的湿衣服,妈妈挑了一件衬衫,拿给弗洛西,又把钱递给她。弗洛西把钱收进黏土色的罩衫里面,然后把衬衣楔上熨衣板。

爸爸每天都穿正装衬衫。如果妈妈不用请弗洛西熨衣服的话,我们一个月可以省下五美金。

我把墙上的板子一个个地翻开来,终于找到一个上面没有挂满别人又硬又干的衣服的架子,然后把我爸爸的袜子和内衣挂了上去。我一边挂一边看她们的这节课:弗洛西先熨衣服,然后我妈妈熨,然后我妈妈歪着头听弗洛西讲解。

真美,妈妈真美。她有双深邃的蓝眼睛,颧骨像黄油刀一样瘦削,下巴就像我祖母的陶瓷茶杯。她每周都会去我们楼里一个艺术家那里做肖像模特,是她挺喜欢的一位女士介绍的。我就看着她一到那个时候,像是从笼子里放飞了,在接下来几个小时里,她会和那位艺术家畅谈书籍,喝下午茶,欣赏波光粼粼的哈德逊河。

在架子下面,墙的后面,有一排煤气炉——跳跃着一排排美丽的橙蓝色火焰。火焰受到了严密的控制,否则火舌会舔到衣服上。

烘干要付十五美分,但衣架是免费的。

妈妈拿着晾衣绳上挂着的衬衫走过来。"她是个不错的老师,"她说,然后转头对弗洛西说,"你是个很好的老师。"她继续说道,"我已经胸有成竹了。"

几个星期后,爸爸做了一件令人震惊的事情,就在我家客厅里。他邀请妈妈跳舞。

那是晚餐后,天已经漆黑,不过对我们来说就没什么白天可言,因为家里的客厅和厨房在通风井旁边,位置更低,而我的卧室正对着一堵砖墙。

我和妈妈一起收拾餐桌。和往常一样,爸爸径直走向办公桌,挑出一张唱片:《男友》[1]。听唱片是我们的娱乐活动。我们没有电视机,却有个唱片机,机身是厚厚的闪亮的塑料,茄子一样的颜色。我父母不允许我碰它。

爸爸抬起手,把唱针放在唱片上。序曲开始了,号声奔放欢快,我知道歌里的他们在说谎。然而我父母都假装这就是幸福的音符。

爸爸坐到沙发上,像个螳螂似的张开手肘和膝盖。妈妈在沙发的另一头翻开一本书,把脚塞在他的大腿下面。

"瑞,给我跳支舞吧。"爸爸说。

妈妈会跳舞?

女声开始唱了,声音格外吵闹,我简直想扇她们一巴掌。

妈妈笑了笑,摇摇头,继续看书,书的封面上写着题目《金碗》[2]。"来

---

[1] 二十世纪二十年代的音乐喜剧。
[2] 美国小说家亨利·詹姆斯的作品。

吧,瑞,"爸爸用鼓励的口吻说,"跳支舞吧。"

"我又不是舞蹈演员。"妈妈说。

然而,她还是站起来了。

朱莉·安德鲁斯[1]正在唱,每个女孩都需要一个男朋友——歌词说我们甚至愿意为之含笑赴死,这让我感到惊恐。这听起来像句假话,就像这张唱片里其他所有的内容一样,但是又让我觉得无比熟悉。妈妈开始了,她用新奇的方式舞动起来,最开始的动作像在查看空气有几分熟,接着沿着靠墙的书架手舞足蹈,仿佛和一个我们看不见的男友在并不存在的舞台上跳探戈。她旋转着,轻咬嘴唇。"哇哦。"爸爸轻呼,而她没有理睬。她踩着碎步,踮起脚尖,拎起裙摆,挺着胸脯。

一曲终了,她坐了下来,就像刚刚走进房间里来那样,把脚趾塞回爸爸腿下,拿起《金碗》翻到书签的地方。

"瑞!"爸爸喊她,一边鼓掌,"你在哪儿学来的?"

其实他并不是真的在询问,所以我妈妈也没有真的回答他。

"噢,我现编现跳的。"她说。

那晚我有一堆问题没问妈妈:

你为什么不天天跳舞呢?

你为什么不拉起丈夫的手,带他一起跳呢?

你为什么不拉起女儿的手,带她一起跳呢?

跳舞的妈妈不在的时候,她是去了哪儿?在我们的一生中,她都去了哪里?

---

1 美国女演员,曾主演《音乐之声》。

跳舞的妈妈藏起来了，不过三年以后，在一个春天的周末，在我十一岁的时候，我和爸爸去了妈妈曾经生活过的这个地方。

我觉得妈妈可能没想让我们看见这个地方。

那天我们坐地铁到第十四大道，在那里散步。我父母热爱散步。爸爸的梦想是能再去爱丁堡逛逛，而妈妈则想漫步巴黎。我们走到了市中心的第六大道，父母手牵着手。爸爸唱了一首他在海军里学到的歌——"脏兮兮的莉莉，脏兮兮的莉莉住在垃圾山的顶上。"我不喜欢听这首歌。难道他以为，莉莉想住在那上面，被水手们开下流玩笑吗？

突然，楼上有女人高声喊叫起来，并把一大把纸团撒向人行道，像撒了许多超大的皱巴巴的珍珠。我想打开一个纸团看看，因为它们看起来仿佛是从某个遥远的世界掉落的。

"这样做不对。"爸爸严肃地说。

后来想起这段走过这座女子监狱的经历，仿佛是在做梦。我记得楼很高，有一排排黑色的窗户，这是监狱，但女人们仍旧在里面大声呼喊，而我，听不懂她们在喊些什么。而且，如果她们被关起来了，够不着外面，又怎么能把这些纸团扔出来呢？

她们到底想说些什么呢？

我们沿着狭窄的小路，继续往市中心走了一段。最终我还是问出了口："她们丢那些纸团做什么？"

妈妈叹了口气："她们把自己的名字和电话号码写在上面，希望路人打电话给她们的丈夫和孩子，给他们捎口信。"

"怎样的口信？"我感到很激动，那些白色的纸团就像很久很久以前就死去的行星所发出的光亮。

"我爱你们吧,"妈妈爽朗地说,"还能是什么呢。"

我们现在已经走到西村了。爸爸带着我们右转,背朝第六大街,这时候妈妈猛地停住了,我来不及停下来,踩到了她的脚。

不过我不知道她有没有感觉到。

我们在街道的转角,这条街的名字也是一首歌:米内塔巷。而我妈妈正望着一栋粉色的建筑,那是我第一次看见粉红色的楼。

我一下子就爱上了它。这是个我无法拥有的梦幻芭比屋。窗户上挂着雪白的百叶窗帘,房子是工艺铁门。门后应该有一个小门厅,或者是一条小走廊,挂着一盏黑色的灯,让所有颜色都融化在墙上。

"噢。"妈妈开口了,好像喘不过气来。爸爸耐心地看着她,本来他散步是喜欢不停地走的。

"我以前住在这里。"妈妈说,语气带了点意外。

"这是个好地方,瑞。"爸爸回答,然后看了看手表,说,"你们两个女孩子不饿吗?"

我感觉到的饥饿,是连自己都无法认清的渴望。我只知道,我渴望成为这个妈妈的女儿,这个住在粉红色楼里的妈妈,这个会跳舞的妈妈。

此时妈妈沉浸在自己的思绪中。我望着她。而她则凝视着大楼,目光像做梦一样穿过了那扇门,接着,有什么东西滑落下来。她嘴唇周围的肌肉微微地颤抖,我不得不怀疑她是否在我们面前保持了太久愉悦的表情。

这种感觉很不好。我看了看爸爸,可他只是等待着,宠溺地望着视线集中在公寓楼的妈妈,然后转过头去看西村街上的风景。

我双手握住铁门,试图用意念让自己进屋。

"你尖叫,我尖叫,"爸爸开起了玩笑,"我们都要冰……"[1]

"你是怎么离开这座房子的?"我问。

妈妈摸了摸我的手,而我的手正紧紧地握着门把手。"那间公寓又小又黑,"她轻柔地回答,"对着院子,没什么特别的。"

她说得不对。公寓里面肯定有太阳,有猫咪,还挂着植物。它有粉红色的墙,就像妈妈用来跳舞的舞台。它还有一个插着雏菊的花瓶,有一张双人桌。"我向你保证,"她说,"这栋楼内里和外表完全不一样。"

1970年,我十四岁,我们住到了纽约一个叫拉奇蒙特的郊区。我们拥有了一座房子,勉强算是吧。妈妈还是会给爸爸熨衣服。她把洗好的衣服放在蔬菜保鲜盒里,这样在她熨之前就可以保持湿润。很久前她就把弗洛西的技巧教给了我——"袖口,袖口,领口,翻一面,袖口,袖口。"我们把床单铺得整整齐齐,还会自己修补衣服边角、补袜子,把浴缸擦得锃亮。我会漂衣服,把爸爸烘干的内衣叠好,虽然有点恶心,但是我不得不做这些事。

妈妈的肖像油画挂在我的卧室和父母的卧室中间。这幅画完美地体现了她的魅力——深邃的蓝色双眸,若有似无的一缕淡淡的忧伤,优雅的骨骼美。你会忍不住用手指轻轻描绘。我想拥有这幅画,并计划着哪天把它偷走。

妈妈的书房乱七八糟,她平时在这里给爸爸的病人们打账单。我正懒洋洋地躺在书房的小床上,忽然,她平生第一次向我提起了一个旧识。是个艺术家,他的名字叫比尔·里弗斯。

比尔是个男人的名字。此前她向我提过的男人只有我爸爸,还有她前夫,她之前有过一段短暂的婚姻。和前夫有关的事情,她只讲过一件,说

---

[1] 冰激凌广告,也是常见的绕口令,原话是:"你尖叫,我尖叫,我们都要冰激凌。"

他把她最爱的斗牛犬奇飞忘在车里,害得它死了。

我坐起身来听。

"他的名字是海伍德,不过大家都叫他比尔。"她看了看我爸的手稿,红色打字机发出咔嚓咔嚓的工作声。"这是你出生很久以前的事情了。"她一边说,一边转动椅子,面对我。

"我们只是朋友。"她说,"我那时不懂他是个多优秀的艺术家,只知道我喜欢和他在一起,也喜欢他身边的艺术家们,都是些大佬。他会带我去西村的一个酒吧,好多画家和作家都会去。还有迪伦……他们觉得我很有趣。那段时间,我挺风趣的。"

"哎。"我低声感叹,不敢开口,感到有肥皂泡泡在我们身边闪闪发光。

她也叹了口气:"风趣是柄双刃剑。我们一群人经常喝酒聊天,有画家,有时也有作家,我总是用讥讽的话逗大家哈哈大笑。"

我被她的讲述深深吸引,只会不停地点头,点得整个身子都晃了。

"他们喜欢我在。"她继续说,"我也喜欢和他们在一起。"

这不是那个嫁给我爸爸,把我带大的女人啊。

"比尔和我给对方起了昵称,我叫他农村小子,因为他来自北卡罗来纳州一个特别小的镇子。"

她开始隔着裤子搓腿,但她自己好像没意识到这一点。她的掌心在大腿上不停地上上下下,上上下下地搓着。

有点尴尬,我只能看自己的手。

"他叫你什么?"我问她。

"当然是城里姑娘。"

昵称对我妈妈来说很重要。她给我爸爸起了个昵称,爸爸也给她起了个。她还给我起了一大堆昵称,像什么小赢家之类的,听起来像个赌马的名字,还有些让人羞于启齿的——小屁屁之类的。那么,她和这个叫比尔·里弗斯的约会了吗?

我正要问她这个问题的时候,妈妈转回书桌,手指在打字机上快速地工作了起来。

靠着点儿在法语和数学上作弊的小手段,我完成了十年级的学习。那是1972年7月初的一天,就是水门事件那个夏天。整个夏天我累得脸通红,因为我接手了朋友小吉的兼职,在一家电视修理店里整理晶体管。小吉和三十六岁已婚的店老板有染,所以我很谨慎,但显然没什么必要。

有一天店打烊以后我回到家,发现妈妈正在餐桌旁边和家庭记账本较劲。她就那么坐着,时不时地弓着背伸展一下,这种状态要持续两三天。

"迪伦,我需要你来准备晚餐。"她说。

太晚了,我已经冲到楼上了。

这时候好像我们有了更多的钱。比如,她开始把衬衫拿出去熨了。还有一件事,前一年夏天我爸爸买了一辆敞篷的阿尔法罗密欧。他不相信我的车技,不让我开,然后车就被偷了。我倒是无所谓。另外,我们还请了园丁每周来打理院子。这一点很重要,因为我们两年前搬来的时候,你们猜猜是谁负责修草坪和翻整土地的?

"我要出门。"我朝着楼下喊,毕竟我可算是个少年了。可事实上,当看见她还是牢牢地坐在椅子上——像被自己锁住的似的,我很生气。

那本记账本是个怪兽。我爸爸准备的是本活页夹,每一张表格都有小翅膀一样的标签,页头是我妈妈小而娟秀的字体写的许多类别,每一笔支出都记在一个类别里面。

让我做这些还不如死了算了。

妈妈出现在我房间门口。我的房间是粉色的,是她卷起袖子和我一起粉刷的,但是现在里面云雾缭绕,充斥着烟味。我不再遵守父母制定的规则了。他们既不能打我,又不会把我丢出去,光是对我大喊大叫总不能让我顺从吧。

"我本来要带你出去吃饭的。"她严肃地说,"所以现在就请别出门了。"

现在的我自然知道妈妈其实冰雪聪明。她大学读了一半就退学了,没对我解释过原因。然而说起屠格涅夫、莎士比亚、托尔斯泰、普里切特[1]、两个艾略特[2]、庞德、莱辛、契诃夫、塞林[3]来,她都侃侃而谈——她甚至还会读文学评论家的书。她的本能驱使着她广泛地阅读。她说她的母亲也是这样——她母亲艾斯特,在俄罗斯只念到三年级就辍学去工作了,和其他孩子一起在工厂卷香烟,小手赤裸裸地暴露在严寒之中。

我是读不完那么多书的。我也不想拿博士,注定要让我聪明的父母失望了。所以我只做自己擅长的事情:和男孩子们约会,尤其是那些二十多岁留着长头发,开着车还抽大麻的男孩子。

"我要迟到了。"我说,"还有,那个记账本简直蠢透了。"然后我们就谈不下去了,为了个根本不知道称呼的虚假的玩意儿争吵起来。

妈妈总是和数字较劲,在哪儿都是这样,还在酒店里数她的零钱。不过,算账本来就是她的工作之一。她坚持不懈地做这活儿,用铅笔上橡皮那头戳计算机,算得分文不差。

她是个家庭主妇。

1　V.S. 普里切特(1900—1997),英国作家、文学评论家,以短篇小说闻名。
2　即乔治·艾略特和 T.S. 艾略特。
3　二十世纪法国作家。

第二天早上,爸爸带我去他办公室。那是个很漂亮的房间——红色的墙壁,雪松木天花板,还有深色皮质的伊姆斯休闲椅,供这位心理医生和他的病人坐。

"对艾瑞卡好一点,"爸爸柔声说,"她这段时间不容易。"

那天晚些时候,父母出门了,我就去翻妈妈的抽屉。其实我并不知道我在找什么,甚至不知道为什么翻抽屉,但我找到了答案:答案是一个金色盖子的小纸盒,藏在围巾下面,装满了速可眠[1]——大概有二十颗红色的胶囊,像鲜血一样刺眼。

原来我不是唯一一个从爸爸那里偷东西的人。

我把她用来自杀的藏匿物拿给爸爸。几个小时后,她小心翼翼地走进我房间:"我真的非常抱歉,"她郁郁地说,"你发现了那个东西没关系。我也不知道为什么自己觉得需要偷藏那些药。但是我希望你明白,我从没想过要吃它。"

这是段演讲,她已经讲完了。

她的一只手放在门把手上,我不知道该如何接近她,甚至不知道自己是否想要接近她。

"没事。"我说。

1947年,我妈妈二十岁。她刚离开迈阿密大学,搬去了纽约。头几个月比较轻松,她住在自己父亲乌尔里奇在西一百一十四大街的一栋楼里,不用付房租。她父亲曾经营迈阿密的许多旅馆和"罗宋汤"度假村[2],但

---

1 巴比妥成分的安眠药。
2 位于美国卡兹基尔山区。

那个时候已经坐在轮椅上了。他的第二任妻子照顾他,给他吃饭、洗澡,帮他上厕所,可她不喜欢我妈妈。乌尔里奇在其他方面也很懦弱。他从来没有为自己的女儿挺身而出。艾瑞卡小的时候患有哮喘,到了晚上,她继母就会举着把梳子逼她去睡觉,嘘声说:"停!停下!不许咳嗽。"后来她就学会了忍住。

对她父亲而言,妻子艾斯卡的粗暴行为是无法避免的,就像他得中风一样不可扭转。但他对艾瑞卡说过:"我会补偿你的,亲爱的。等我死了,你就自由了。"

就这样,在他去世几个月以后,我妈妈震惊地发现,自己无家可归,且再没有经济来源。"因为我女儿,艾瑞卡·埃尔纳,让我十分不愉快,其原因她自己终将回忆起并知晓。"律师一边念遗嘱一边透过眼镜瞥她,"所以我把四千美金的遗产给她。"其余的财产——非常可观的一笔,包括她住的楼——都归她继母所有。

这是个新的遗嘱。

"是她逼他写的,"我妈妈私下里问,"我可以起诉吗?"

"你既然已经分到遗产,就没办法起诉。"律师说,"这就是那四千美金的用处,懂了吗?这样你就无法起诉说他剥夺了你的继承权。"

1976年感恩节,艾瑞卡在书房整理文件,不知怎的还是一团乱麻,她感到十分困惑。这时候她女儿进来问她,能否把那幅肖像油画拿去自己的宿舍。

"拿去吧,"艾瑞卡说,"我实在是看腻了。"正是画中的那一丝遗憾触动了她。她自己已经向前走了,而画里的女人却没有。

她又加了一句:"我年轻的时候给艺术学生联盟做过模特。"

"真的?"她女儿说。她自有种煽动方式可以挖掘艾瑞卡的故事,无须套话。"那些画你有留下的吗?"

"没有。不过我有一次路过那栋楼,倒是看见我的画像放在橱窗里。"

她一边说,一边把一捆棕色的信封从马尼拉文件夹里拿出来,装进一个酒盒子里,然后塞进柜子,好像这些是毫无意义的家务活儿,而不是在藏一沓她丈夫做心理医生收到的没兑现的支票。

她的想法是,把每张支票都存银行,把金额输进商务电子表格里面,把所有东西都整理好,包括借方、贷方、类别。但是她没法把这些实物收拾干净,所以就把支票都藏起来,像只松鼠。

她的女儿兴奋起来。当然,她们俩都知道那个建筑。那是座华丽的法式文艺复兴风格的建筑,展示橱窗高挑而显眼。

"你进去买了吗?"

"没有,"艾瑞卡说,"还不如买点厨房用品。"

"你没查查画的作者吗?"

"我估计没这么大的兴趣。"

"对你自己的画像没兴趣?"

艾瑞卡把纸盒盖子放好,上面贴着打印好的衣物捐赠的标签。"来帮我切青豆。"她说。

纸盒子里肯定已经有一两千美金的支票了。很快她又要拿个新纸盒。一个人怎么才能摆脱这些事情呢?

比尔·里弗斯的故事就像一条寄生虫,在她的皮肤下面游走。

...

1946年，比尔·里弗斯来到纽约，在艺术学生联盟开始了三年的学习。1947年，我妈妈开始在那儿做模特。

她二十一岁，失去了父亲，被逐出家门。她搬得离西一百一十四大街远远的，搬到了米内塔街和米内塔巷交叉路口的一间小房子里。

公寓又小又黑，但公寓楼本身却像块奶油蛋糕一样可爱。她接了一份给黄页做电话推销广告的工作。她的嗓音明快却不容置疑，所以比办公室里其他人卖得都多。

为了赚外快，她去艺术学生联盟做模特。

画室里松节油的香味很好闻。她发现大多数学生都是男人，就静静地站着，手里抓着钱包。导师看见她，对她说："感谢你来我们画室。"仿佛她是个来参观的艺术家。

他递给她一条叠好的床单，带她去一架屏风后面。我妈妈安静地脱下衣服。为艺术而做裸体模特不是色情。她清楚这一点。这是份工作。她低下头看自己的身体，发现自己穿着衣服的时候性感而凹凸有致，但也许赤裸着就不那么美了。她的胸部虽然挺拔，但乳头有点歪——乳尖微微有些撅着。医生说她喂奶得用奶瓶了。

妈妈用床单裹好自己，挺着肩膀走了出去。

她很会摆造型。她非常擅长在休息以后还能摆出之前的动作。她也善于用眼角的余光观察，看那些年轻男子像医学生一样探索自己的身体，只不过他们是用线条和光影。

也许，她穿衣服的时候注意到了一个男人，在透过睫毛观察她。可能因为她发觉他特别英俊，于是就慢条斯理地整理床单，然后停下来看看他是如何画她的。

"画完才能看。"他挡住她的视线,"海伍德·里弗斯,你可以叫我比尔。"他伸出手来,"很荣幸画你的肖像。"

妈妈闭上眼睛说:"让我猜猜看。"她以批评家的眼光看电影,因此对各地的口音有不可思议的鉴别力。光靠看电影,她就把自己口音里的纽约腔改掉了。"卡罗来纳人。"她说,第一次让他笑了起来。

1992年4月,我父母院子里的木兰花正绽放着色拉盘一样的硕大花朵。我弟弟在客厅里玩火车,并不想搭理爸爸费尽心思编给他听的故事。

楼上,我妈妈在给我丈夫和我讲故事,听上去,这就是她和比尔·里弗斯故事的结尾了。我们坐在她凌乱的书房里,像围坐在壁炉旁一样,很舒服。

她说,他给了她一幅画。

"你有比尔·里弗斯的画?"我丈夫简直垂涎三尺。他对非裔美籍艺术家感兴趣——十分感兴趣,我们也开始略微地做一些相关的收藏,因此,他当然知道海伍德·里弗斯是谁。"那幅画在哪里?"

"我们失去联系以后,我曾打算卖掉它。"妈妈说。

我们都惊呆了。我丈夫是因为无法相信我家居然放弃了这样一幅画,而我则是想不明白一个亲密到互相叫昵称的朋友送给你的画,你为什么会转头就给卖了呢?

妈妈继续说道:"我在哪里看见说,哈利·阿布拉姆斯收藏黑人艺术家的作品,就给他打电话。我告诉他我手里有的画,他就让我带去。"

在哈利·阿布拉姆斯的办公室里,她认出了许多画家的作品。她当时在大都会艺术博物馆藏品使用许可部门工作,午饭时间都会在画廊里徜徉。

他看看画,又看看我妈妈,再看看画,接着报了个低价。在她看来是个底价。

"浪费您时间了。"妈妈说完,就拿着画回去了。

我和丈夫对视了一下。她是知道作品价值的。

"那么这幅画现在在哪里?"我问。

"有一次搬家的时候弄坏了。"妈妈含糊地说,像是在她不知情的情况下,搬家强行把画弄坏了似的。

"怎么弄坏的?"我再问。

"我不记得了。"她拿手在空中一摆,示意这一段记忆消失了,像赶跑一阵烟。

"坏成了什么样?"我丈夫接着问。

妈妈耸耸肩:"应该挺严重的。"

我和丈夫再次对视。"画都是可以修复的。"我的话只起了个头——你和画家们交际,又在博物馆工作,你肯定知道这一点。"所以到底发生了什么?"

妈妈的手又一次在空中挥了挥,又是一阵烟:"我扔掉了。"

比尔·里弗斯的故事就像一条寄生虫,在我的皮肤下面游走。

自那条床单如蝉蜕一般从她身上脱下,他就一直在憧憬着巴黎。他所敬佩的画家,有一半都在巴黎,或在去巴黎的路上。比如博福德·德莱尼。比如对女人有点儿兴趣的埃德·克拉克,也独自去了。

他们常常去士丹利酒吧,而艾瑞卡则刚好完美融入。她善于聆听,补充些什么的时候,人们也会看见她智慧的火花。他们曾经提起过巴黎一些黑人外籍艺术家正在筹备一间新的艺术馆,而他想要画现代画,并成为他们中的一员。

他把给艾瑞卡的肖像画带去米内塔巷。你喜欢吗?他问道,真心实意地想要知道答案。

她仔细研究复杂的图案、大片的光影和色块,而他则望着她。具象绘画练习阶段结束了,他本不必再画教堂、老人,也不必再画课上的模特。他清楚这一点。

"我很喜欢,"她终于给出了答案,"这幅画对我很有意义。"

后来,或许是一段时间以后,发生了一两件事。

或许是他请求她——而她为他做了。

或许他根本没有请求过我的妈妈。

1983年5月,我打电话回家告诉父母我订婚的消息。

未婚夫和我站在明亮的阳台上,一起握着手机,我们住在新奥尔良的法国区。我俩都是《皮卡尤恩时报》的记者——他做调查性报道,而我负责医疗新闻。

他是黑人。我是白人。

他强烈要求我再缓一缓,并让我自己先和父母说。我不懂他为什么这么保守。我二十七岁了。我爱我的父母。我等不及了。

我太无知了。

爸爸接的电话,我告诉了他这个消息,他回答我说:"这是你能给我的最好的消息了,宝贝。要是需要我去接我女婿的话,我就去接。"接着我就听见他在楼上大声喊我妈妈。

意外的是,我告诉她这件事以后,她沉默了很久,久到我感到不安。从小,她就给我读艾丽丝·沃克、理查德·赖特、托妮·莫里森[1]——她带我去百老汇看过《致彩虹艳尽半边天时便想结束生命的有色女孩》[2]。也许她的沉默不是我所想的意思。

最后,她开口了:"那孩子怎么办?"

我二十七岁了。我还很无知。

"什么叫孩子怎么办?"[3]我满不在乎地朝她发脾气,"还能怎么办,打一顿呗!"

1949年,比尔·里弗斯去了巴黎,在那里和一个头脑聪慧、笑容灿烂的美国女人相遇了。她名叫贝蒂·乔·罗比尔斯。她有英语硕士学位,还拿到了去索邦大学的富布赖特奖学金。她是个白人。

想象一下,他带着贝蒂·乔·罗比尔斯去双叟咖啡馆[4],里面都是外国作家、画家、音乐家,白人黑人都有,他们在喝价廉物美、馥郁芬芳的法国红酒。她完美融入,和每个人一道大笑,说起话来风趣而幽默。

和士丹利酒吧的艾瑞卡一模一样,但更好一些,因为那是巴黎,他感觉到自己的艺术生涯开启了,宛如一株在夜间开放的珍稀花朵。

---

1 均为美国著名的黑人作家。
2 中文曾译名《彩虹艳尽半边天》,讲述的是几个黑人女性生活充满了苦难但仍未放弃对幸福追求的故事。此处为原标题的直译。
3 文中妈妈问的是省略句,真正的意思其实是问不同人种通婚面临的孩子的问题。但作者玩文字游戏,表达了自己的不在乎和恼怒。
4 位于巴黎圣日耳曼大街上的咖啡馆,因为许多名人曾经光顾而闻名。

其中一个外国画家问道:"艾瑞卡有来信吗?"比尔一手抱着贝蒂·乔,而她根本不会浪费时间来操心压根不在面前的女人。

"我们没联系了。"他回答。

他向她求婚时,贝蒂·乔没有问"孩子怎么办",不过法国有禁止跨人种通婚的法律,于是他们1951年乘船去英国,在那里结了婚。

他们先有了个儿子,接着又有了女儿。根据《黑玉杂志》[1]的报道,那是个"完美无瑕的棕皮肤洋娃娃"。她还会去索邦大学上课吗?比尔开始用很厚重的颜料作画,琥珀色、湖蓝色、草绿色,他的一些画作甚至没法卷起来走海路运回家里。

讣告上会这么写:当贝蒂·乔回顾他们离婚前的巴黎岁月时,她回忆起的将是"贫穷、美好和幸福"。

或许他根本没问过我的妈妈。

还有一段小插曲。我儿子十岁的时候,妈妈向我讲了这个故事,当时我又和她一起在那间凌乱而舒适的书房里。

从西村搬走很多年后,有一天她走在纽约的大街上,听见有人叫她的名字。比尔·里弗斯朝她走去,脸上洋溢着认出她来的喜悦。

"我们的视线交会时,"妈妈讲述道,"他立刻意识到我是认识他的。但我无视了他,迪伦。我把目光移开了,假装他是个陌生人,然后我就从他身边走了过去。"

我的心抽痛起来,仿佛她无视的那个人是我,抑或是她自己。

---

1 定位读者群为美国非裔人群的杂志。

在此后的二十年里，也许是我的余生里，我都倒带回到那一刻，试图修改它，尝试让我妈妈的脸庞也洋溢起喜悦。在我的这版电影里，我指挥她与他拥抱，与他在人行道上热烈交谈，任凭人群在他们身边穿梭。接下来他们肯定要去喝点东西——他们去哪儿？五十六号大街？——那就去橡树屋吧。这将成为她生命中一个缓慢转折的开端，疼痛而悲伤，澎湃而剧烈，如同芝加哥河艰难地改变了流向，朝着另一个方向奔腾而去。

在我的这部电影里，比尔·里弗斯是个自由的男人。我妈妈不是个自由的女人。但我不准备考虑我爸爸，他在电影里变小了，不见了。我更不在意那个很小的我。我唯一期望的，是瑞可以再次翩翩起舞。

"你为什么走开了？"那天我在书房里问她，几乎是在哀求她。

"我不知道。"她说，"我也对那天的行为感到羞耻。"

你知道原因的，我想。你当然知道。

"我们可以试着找找他，"我说，"可以查一下。"

她用手捂住嘴巴。

"那会很痛苦。"她回答我，"别这么做。"

我答应了她。我没有追问。

我从不追问。

比尔·里弗斯2002年去世了。我这么多年都没有找到答案。

艾瑞卡离世前一年，她八十四岁，我五十七岁。我向她问了个私人问题。一个错误的问题。

"你经常提起比尔·里弗斯。"我说。妈妈坐在轮椅上，神采奕奕地看着我。"他给过你一幅画。你们曾有过那么动人的……友谊。我也总是想知道……"

妈妈等着我说完。她仍然是那么美丽，虽然头发是灰色而非银色，身材也有些臃肿。她的毛衣里藏了一根食管，围巾里还有一根气切套管。

我做了个深呼吸，接着问："妈妈，你和比尔·里弗斯有过亲密关系吗？"

我让护士给我们留下私人空间了。妈妈现在需要护士的照顾才能生活。卧室里面，我爸爸正在沉沉地睡着，床边放着他自己的轮椅。

妈妈挺直腰杆，湛蓝眸子里的光线投向我，说道："你问这个问题让我很生气。"

2014年5月，我爸爸去世了。七周后，妈妈也随之而去。在回光返照时，她说出了以下这段话，我发疯一般记下了："向你朋友这样怀念我——我接受一切加诸我身的奇迹。我接受一切加诸我身的奇迹。我以感激之心接受痛苦。我是世界上最幸运的女人。"停了一停，她接着说，"世界上最糟糕的事情就是愤世嫉俗。"

妈妈和比尔·里弗斯的故事结束了。

但是我的比尔·里弗斯电影还在脑海中上演。它有两个结局。

想象一下。

1949年，小贩在街上卖鱼和鲜玉米，你可以用两条裤子的价钱买一套西装。

比尔·里弗斯告诉我妈妈，他将去往巴黎。

她正等着他说这件事。但她没有说话。

他说:"和我一起去,艾瑞卡。那是巴黎。那是魔幻之都。我可以作画,你可以在索邦大学读书——做任何你想做的事。"

她没有说话。她湛蓝的眼睛是大海,而非天空。

"来巴黎,和我结婚。"他说。

妈妈缓缓地说:"难道那里就合法吗?"

他抬起头深深地望着她:"在英国是合法的。有船可以去。"

沉默持久而稀薄,她在沉默中抹杀了最后一丝想要拥抱他的冲动,问道:"那孩子怎么办?"

他转身离开的时候,她感到自己仿佛站在坟墓的边缘。

或许他根本没有请求过我的妈妈。

他告诉我妈妈他要去巴黎。

她正等着这件事。她没有说话。

"我会疯狂地思念你,艾瑞卡。"他说,"答应我,写信给我。"

妈妈点点头。"疯狂"二字不足以表达这些年她的感受。她没有说话。

他说:"下周日,来码头送我。"

妈妈缓缓地说:"恐怕不行。"

他看着她,起初充满疑惑,接着就懂得了。他点点头,亲吻了她的额头。

他转身离开的时候,她感到自己仿佛站在坟墓的边缘。

· · ·

我的比尔·里弗斯电影上演的时候,永远都只有一幅油画。

我的母亲，二十一二岁，是画中的模特，画中的女神。这是一幅裸体坐像。

油画作者是海伍德·比尔·里弗斯。由于这幅画十分醒目——图案是从他家里的妇女缝制的棉被上提取的，所以陈列在艺术学生联盟的橱窗里，站在西五十七大街就可以看见它。我母亲当然不好奇作者是谁。她知晓一切。

他们一起去艺术家和学者的酒吧聚会。他们亲密到互相称呼昵称，比尔·里弗斯还给她画了一幅画作为礼物。

也许是他的船启航后两三年，一个共同的朋友告诉她，比尔·里弗斯在巴黎结婚了，不仅如此，还是和一个白人女性。一个有着我母亲所羡慕的勇气的女人。这个白人女性在索邦大学读书，她有个孩子，可能有两个，她的朋友是一群外国艺术家，和我妈妈在纽约一起交谈的是同一群人。

妈妈回到了米内塔巷的家里，站在油画里的女人面前。她对她说："贝蒂·乔·里弗斯正过着你的人生。"

"艾瑞卡！"

那天大街上，比尔·里弗斯的那一声呼喊，像木桩一样击中我母亲的心。

艾瑞卡，他说（她以为他说），你告诉我，你用你那聪明的头脑都做了些什么？

你做出了正确的选择，嫁给了对的男人吗？

你想要去索邦大学读书吗，艾瑞卡？想和双叟咖啡馆的作家们谈笑风生吗？

你给自己灿烂的智慧上了一把锁，还是用它写了一本书？

你去巴黎漫步了吗？你介意自己的女儿是个完美无瑕的棕皮肤宝

宝吗？

你会爱上谁，艾瑞卡？

你想成为什么样的人？

2001年，在我母亲的要求下，我在我们圣莫尼卡的车库里藏了三箱贴错标签的未兑现的支票。她估计里面有一万美金。2007年我们搬走的时候，箱子不见了。我父母住在布伦特伍德，离得很近，所以我问母亲是不是她拿走的。她的手摆了一下，像赶走一阵烟。

我丈夫查了一下，海伍德·比尔·里弗斯早期的一幅肖像绘画作品，内容是乡村教堂，阁楼里有一队细致描绘的唱诗班，这幅画作为哈利·N.阿布拉姆斯女士的资产于2010年4月7日拍卖，售价5625美元。

我回到童年住的公寓楼，请求门卫允许我去负一层。难以置信的是，2012年了人们还住在那些以前锁上的储藏室里，我能通过开着的门听到电视的声音，看见整齐地摆放着的鞋子。

洗衣房里，在床单后面嘎吱作响的晾衣架消失了，如同我曾经盼望的那样，仿佛那些橙蓝色的火焰从未燃烧过。

2014年，母亲去世后，我回到米内塔巷16号朝圣。我仍然十分渴望住在那里，即便现在我已五十八岁，但没有了母亲，我永远只是个八岁的孩子。

米内塔巷的那栋楼不再是粉色的了。有人把门口的灯拿了下来，把楼刷成了白色。

十五
Fifteen

柏妮丝·L.麦克法登
Bernice L. McFadden

我第一次离家出走是因为你的丈夫,我的爸爸。他扇了我一巴掌。他喝醉了,我才十五岁。那一下很重,我藏到小阳台里,瑟瑟发抖。我仍记得我一只手摸着灼痛的脸颊,另一只手挡着衣服和金属衣架上的水滴。

等到从震惊的情绪中缓过来,我就钻出小阳台,整理好行李,离家出走。

你从街角出现,刚刚结束了一天漫长的工作,目瞪口呆地看着我拽着行李走向一辆等候着的出租车。你问我发生了什么事,其实从我眼中的泪水和颊上赫然的红色掌印就足以看出一切。

"我恨他!"我大喊,此时司机正把行李箱搬上车。

我钻进后座,重重地关上车门,剩下你站在路边,双手绞在一起。

我不知道那天晚上家里发生了什么。我肯定你们两个吵架了。他一定说我目无尊长,指责我和他顶嘴,说我表现得好像比他优越,因为我上的是私立学校,班上的同学都是高人一等的白人女孩,她们对父母说话就是无法无天的,而他不会容忍自己的黑人女儿这么对待自己。

我在最好的朋友家里待了三天三夜,甚至没有打电话回家报个平安。

我计划再待几个星期,等暑假结束就回寄宿学校。不过具体该怎么实施,在没有钱的情况下,我不知道。

第四天早上,夜色才刚刚散去的时候,公寓的门铃声大作,响了又响,显得怒气冲冲。

还没等朋友的妈妈看猫眼，我就知道，门外站的一定是他。

我坐在他的车后座上哭了整整一路，回到家里。

多年后，我又一次离家出走。他还是个酒鬼，你也还是不断地离开，回来，离开，回来。每当我问起为什么我们不干脆一走了之，搬去和外公外婆住，你总是像被我的问题伤到了似的。你只会调整一下眼镜，把视线从我恳求的目光上移开，含糊不清地说："你不知道你外婆做过什么事……有一天，总有一天我会告诉你。"

后来我终于放弃了等待，放弃等待你离开他，也放弃等待你告诉我外婆的事情。我十九岁了，有一份全职的工作、一个稳定的男友、一台私人的电话，我自己承担得起。是的，我还是和他住在同一屋檐下，但已不再是个孩子，不再会因为自己的年龄和依赖而默不敢言。我觉得自己是个成熟的女性了，他冲我吼，我就吼回去。

我二十二岁的时候，他被炒鱿鱼了，那份工作从我出生开始他就一直在做。三个月后，我生了自己的女儿。虽然是我把她带到这个世界上，但我们将一起抚养她，她属于我们两个人——你和我，我的妈妈。她是我的女儿，但她是我俩共同的孩子。

2001年，我带着孩子搬进了属于我自己的房子。我并没有因为把你留在他身边而感到不安，因为你们之间的力量结构已经发生了变化。现在你是一家之主，你养家糊口，你做所有决定。他已经沦为只有使用权的客人。

我曾经是个唯唯诺诺的听话孩子，后来又是个唯唯诺诺的听话少女。我俩的孩子却不同。她直率大胆，无所顾忌，我从不会像她这样。比起像我，她更像你。

当她向我表达自己对一个高中男孩的喜爱时,我对她说了你在我十五岁时说过的话:"到了十六岁你就可以开始约会,但之前不行。"

其实,如果我之前不是被隔绝在一所女子寄宿学校,可能也会破坏这个规矩。现在她可不在女子学校。她就在布鲁克林上学。于是,她开始谎报自己的行踪,逃课,偷偷和男孩约会。

发现这件事的时候,我很生气,自然了。我问她有没有偷食禁果,她极力否认,之后又一如既往地蔑视我。

我威胁她,说要把她逐出家门。我给她的朋友家里打电话,痛斥她的行为,希望羞耻心可以让她屈服于我。

看看她拥有的生活,看看我给她打造的家。

我带她来到这个世界,她就是这样回报我的?太自私了,多自私的孩子啊。如果我小时候有她这样的条件,我绝不会给父母添一丁点儿麻烦。就算我条件不好,也一直都体谅父母。

那个男孩一点儿都不关心她。她以为她爱他,但性并不是爱情,只是像爱情而已。

毫无感恩之心的孩子。

我只把事情弄得更糟。

我走投无路,做了一件我发誓再也不会做的事情。我看了她的日记。在日记里,我确认她的确偷食了禁果(正如我所猜测的)。同时我也发现,叛逆期的她对我的蔑视,已经升级成仇恨了。

她从学校回来以后,我把日记甩到她面前,拿在手里不停地挥动。我至今都记得日记本一页页哗啦作响,那巨大而不祥的声响,就像许许多多乌鸦在扑棱翅膀。她一贯倔强不羁的脸终于流下了泪水,而我当时还以为自己做对了。

我们各自回了卧室，把自己闷在房间里。第二天早上起床后，我发现，她不见了。

她留下了一封信，控诉我侵犯她的隐私，缺少关爱和奉献之心。

我给她爸爸打了电话，平静地告诉他我们的女儿离家出走了。他的回应只是一声十分不耐的叹息。

我知道那个男生的名字，也有他的电话号码，通过电话回溯查询网站找到了他的地址。

我也给你打了电话，告诉你发生的事情。我俩的孩子离家出走了，而你非常不安，在我的记忆里，爸爸打你的时候，你也是这样的反应。

你坐出租车到我家的同时，我女儿的爸爸——一位经验丰富的纽约警察，正在砰砰地捶着那个男孩住的公寓大门。

后来，当女儿成长为一个女人，她终于可以心平气和地说起那段岁月。她说她那怒火中烧的父亲使劲砸门的时候，她和那个男孩吓呆了，都以为门会塌掉。

你来了，带着我的妹妹和妹夫。我们聚在客厅里，担心这个支离破碎的家又一次迎来割裂。

这样的折磨持续了好几个小时。她爸爸走了以后，那个男生带着我俩的孩子躲来躲去，最后他的母亲不堪重负，终于说服她回家与我一起解决问题。

纵然事情本身混乱无比，你却出奇地安静。直到有消息说她在回家的路上了，你才转向我，此时我发现，你脸上原本担忧的神情变成了警惕。

"答应我，你不会送她去监狱。你答应我。"

"什么?"我轻声回答,"你在说什么呢?我为什么要送她去监狱?"

"你不知道你外婆做过什么事……有一天,总有一天我会告诉你。"

这一天终于来临了。

我知道你出生于1943年,你的妈妈当时还没满十六岁。你出生后不久,她就去往芝加哥,远离充满种族偏见和贫穷的南方。同时,她也是想远离那座房子里的男人们。那些男人认为自己对房子里的女人有至高无上的权利,就像他们对待自己耕种的土地一样。

你妈妈二十五岁时,你九岁,她终于找人去接你,因为那时你已经是个大女孩,胸部开始发育了。

那时你才开始认识她。从那时起,你就知道她是个病态的骗子、小偷。

她小时候就开始偷东西、撒谎。她姐姐说她的生活像《末路狂花》里讲的故事,从小到大手脚都不干净。她偷过家人珍藏的照片,也偷过雇主的珠宝。

我上中学时,外婆在一家大型金融机构办公室所在的大楼里做保安主管。她给了我一枚戒指,我戴到现在。其实那是她从一个银行家落在办公室的保险箱里偷出来的。

你告诉我,她曾经发现你和一个男生约会。他送给你两件羊绒毛衣,你把它们藏在箱底。有一天你放学回家,看见她站在炉灶旁边,就穿着那两件毛衣——两件都穿着。你很震惊,但一言不发。她也没说话,只是把食物摆在盘子里,端上桌子。吃晚饭的时候,你们天南地北地闲聊,可没有一个字提起那两件毛衣。后来,你洗了碗,回到卧室,哭了起来。此后你再也没有见过那两件毛衣。

我爸爸和你计划婚礼的那段时间,他打电话给你,质问为什么要谎称爱他,为什么你怀的是另一个男人的孩子却谎称是他的,为什么你不能堂堂正正地当面告诉他真相,而只是像懦夫一样给他写信。

你同时也收到了一封信。

信是他寄来的,告诉你,他爱上了另一个女人,那个女人怀了他的孩子,他准备离开你和她结婚了。

你们俩谁都没有写过信。你对比了两封信的笔迹,发现一模一样。邮戳都是同一天,邮编也都一样,11420。这个邮编属于你和我外婆住的地方。是她寄了这两封信,且矢口否认至今。

你第一次和我讲起这些旧事时,我还太小,理解不了。但随着年纪增长,我也看明白了真相。

在芝加哥生活的那段时间,外婆每天天不亮就走了,去一个富裕的郊区家庭做保姆。你得独自一人穿衣服,吃早饭,去上学。回到家,你自己做完作业,然后吃晚饭。那时你九岁。

后来,你和她搬去了底特律,最终又到了布鲁克林。

那时候,你已经是个少女。

你们有过争吵。女儿和母亲总会有争吵,但你的母亲从来都不知道如何让事情过去。你说她从没打过你,但你宁愿她打你——因为你情愿挨她一巴掌,也不愿听她喋喋不休。你告诉我有时候她会念叨好多天。她反反复复地抱怨那些小得不能再小的事情:浴缸没有一尘不染,地毯没有打扫得干干净净。在你看来,她只是享受让你不舒服的感觉。

正是这样的纠缠不休让你终于离家出走了,那是1958年夏天,你正好十五岁。

你对我说，那个时期，你身边很少有人会读完高中，大学是白人才去的地方。一个孩子能读完中学就十分难得。你妈妈只上到四年级。

这就是你的计划。你准备从高中辍学，找份工作，租一个房间，就再也不用听她唠叨了。然而有一天，你的生活改变了。那天你在酒吧和朋友们一起——那时候，年轻人都去酒吧，只要看着像满十八岁了，就能买酒。对一个十五岁的孩子而言，你看起来更成熟。两个穿着制服的男人走向你，展示金色的徽章，表明他们纽约警察的身份，然后问你的名字。你说了，他们随之告知你因为盗窃罪被捕。他们给你戴上了手铐，用一部没有标记的警车把你拖走了。

你讲述这件事的时候，棕色的眼睛因为泪水而变成了湿润的黑色。我知道你仿佛又回到了1958年，回到了那辆警车黑洞洞的后座上，惊恐万分，年仅十五。

大脑是个又美好又邪恶的东西。它可以选择把我们从记忆中拯救出来，也可以用它来折磨我们。你说起这件事的时候，身体还在颤抖。

你妈妈在法庭上作证，指控你偷了她的钱和珠宝。你妈妈在法庭上撒谎。

你被判在韦斯特菲尔德农场服刑一年。那是纽约贝德福德山上的一座女子看守所。

你妈妈每周末都来看你，好像你是在参加夏令营似的。你们俩从没谈起过她做了什么，或是她为什么要这么做。直到今天，你们俩仍然没有就此事说过一个字，就像羊绒毛衣的事情重演了。

你是懂的，你知道自己的家庭在秘密中艰难前行，有无数个可怕的、痛苦的、可耻的秘密，无法谈论，所以他们也不曾提起。他们一致保持沉默，绝口不提有个叔叔强奸了至少两个侄女，还让她们怀孕了，也从来不说有个弟弟和姐姐乱伦，而另一个阿姨则试图把自己的孩子溺死在浴缸里。

于是，外婆去看守所看望你的时候，给你带香烟、糖果、卫生巾和杂志，但从没给过你解释。你也没有问，因为你知道这是规矩。

1959年5月，资深记者盖伊·塔莱斯参观了这座看守所，并为《纽约时报》写了一篇报道，介绍韦斯特菲尔德的囚犯们的日常。

二十五个穿着短裤的赤足少女盘腿坐在地板上，手指缓缓轻折，脑袋和身体随着非洲鼓点摆动。

很多年后，我仍不知道你是否是赤足少女其中的一员。

囚犯们演出了近一个小时，她们在空中跳跃，在地上爬行，随着音乐摆动臀部，音乐包括莱斯·巴克斯特版的《蛮荒仪典》[1]。

刑期结束后，你回到家，发现你妈妈生活中出现了一个新的男人，后来他们结婚了。你再也没回到学校。你遇到我爸爸，怀孕，结婚，生了我。你继续过自己的人生，这个秘密扎在你的心里，像冰锥一样。后来我俩的孩子离家出走了，于是这只冰锥显出了原形，你终于向我讲出了隐瞒了四十五年的秘密。

---

1 莱斯·巴克斯特的这首乐曲为非传统曲目，曲风神秘。

"答应我,你不会送她去监狱。你答应我。"

上一次我听见你用乞求的语气这样说话,还是在我十七岁的时候,那时,我爸爸正拿枪指着你的脑袋。听到你的话,我几乎崩溃了。我现在回想起来仍然会心碎。但你不喜欢眼泪,所以我忍住了没有落泪。直到我俩的女儿回来了。等你回到自己家以后,我才痛哭起来,为我们每一个人。

没有不能说的秘密
Nothing Left Unsaid

朱莉安娜·伯格特
Julianna Baggott

十岁起，我就成了母亲的倾听者。年纪大的哥哥姐姐都是青年人了，有的已经走上了社会。家里只剩我一个，她很无聊，也有些寂寞，也许这是她第一次有足够的精力来回顾自己的童年和人生。她让我不去学校，留在家里，和她玩牌，还给我讲我没听过的黑暗故事。

我记得，她总是等我们在门廊玩牌的时候讲故事。当然了，记得这些并没有什么意义。我们住在特拉华州，一学年大多数时候都非常冷。但我记忆里仿佛总是暮春时分。我记得母亲总是穿着家居服，红色的头发蓬松着，在塑料桌布上啪啪地出牌。我们养了一只神经兮兮的斑点狗，名叫杜尔西，她总是在塑料门挡那儿进进出出——那是我父亲钉好的狗门。

下雨的时候母亲就把我留在家里，她担心路上的公交车不安全。不过晴天她也不让我上学，因为天光太美，不应该被关在学校里。我生日那天她也让我在家，按她的说法，这个日子对我自己而言，可比任何一位总统的生日都来得重要。还有些时候，她根本毫无理由。总之，她给我的感觉是，学校远没有我自己来得重要。"给其他孩子一个赶上你的机会吧。"她神神秘秘地对我如此这般说，仿佛我的天才是个机密。

事实并非如此，我清楚这一点。我只是个普通的学生，数学很糟糕，阅读也不好。因为缺课，我也常常听不懂历史和科学课。只不过，我学会了后来很有用的东西——作弊。

我们打起牌来很认真，也不停地聊天。母亲已经养育了三个孩子，所以对我更纵容一些。我习惯了她像对待大人一样和我说话，所以才更讨厌其他的成年人把我当孩子对待。我非常确信，人们一定低估了小孩子，而我母亲对我的倾诉则至少证明了一点，即我们小孩可以做到的比人们所想象得更多。

我说，母亲对我讲的都是黑暗故事，的确如此。有个故事说的是一个阿姨在家里用毛衣针堕胎，孩子打下来还活了三天。还有一个故事说，我外祖母的一个阿姨在床柱上吊死了。还有一些关系更近的亲戚的故事，比如我母亲的父亲虐待我外祖母。母亲和我说，她小的时候，还以为那些静脉曲张的病人也都是被她们暴力的丈夫打出的瘀伤。

在我的印象中，她讲这些故事的时候并没有精神紧绷或是痛哭流涕，也没有滔滔不绝地讲个不停。相反，她深思熟虑。有时我感觉她也许是第一次讲这个故事，仿佛记忆恰好从她的脑海中一闪而过。

也有一些正面的故事，比如母亲对钢琴的追求之路，比如常常帮助她家的善心修女，以及她与我父亲的浪漫史。

有个故事让我印象深刻。我母亲的父亲大字不识，出身贫寒，自小辍学，在一家台球馆里打工赚钱。然而有一天，他给草地浇水的时候，突然让她给他讲讲学校里学到的东西。

"我给他背了一段莎士比亚。"母亲说，接着就背诵了那段台词，"夜晚的星星已经消逝，愉悦的白昼在迷蒙的山巅企足而待。"[1] 母亲顿了顿，补充道，"我父亲觉得这段话很美。"那时，她感受到了他灵魂深处的渴望。她对我说："我忍不住想象，假如他的人生中有条件的话，他能够做

---

[1] 出自莎士比亚经典作品《罗密欧与朱丽叶》。

到什么。"

我母亲的家族似乎相信故事可以拯救我们。因为那都是些警世故事、医学常识,以及有关爱与失去的教育。

. . .

二十几岁三十出头的那些年,我一度怀疑过母亲讲的故事的真实性。它们实在太离奇了,一个人怎么能够在床柱上吊呢?

还有一个故事简直像《圣经》里才有的。我们家族有一群祖先来自北卡罗来纳州安吉尔——一个男人,一个女人,还有一个马背上的婴儿,他们在一个暴风雨之夜踏上旅程。后来这对男女都在暴风雨中丧生,但婴儿被人找到的时候裹在葡萄藤里,竟然还活着!

当时我已经有了自己的孩子,也在研究生期间读过南方哥特式小说,所以我听到这个故事就觉得是个传说。

有一天我和母亲待在她的厨房里。父亲正在订家谱,他在工作中总是一丝不苟——只注重事实。我母亲觉得这件事很无聊,而她的态度在我眼里,就显得像是因为自己对家族故事添油加醋而内疚。

所以我向她提起了我的怀疑,尤其讲到了上吊的那个。"这根本不符合逻辑,"我说,"而且实在是太戏剧化了。"

她并没有让步。我们就此产生了争论。最后她像是退让了一小步,说:"好吧,也不是说你就必须相信我的话。"

我以胜利者的姿态回到自己家,当时我住在只有一英里远的地方。

当天晚上,母亲来到我家,手里拿着一本家用《圣经》,里面夹了张剪报。剪报上的新闻是我极其熟悉的南方哥特风格,写了那个吊死的阿姨有个失明残疾的母亲,虽然就住在隔壁房间,却只能听着她女儿窒息而死,无能为力。"现在你又怎么看这个故事?还觉得是我编的吗?"

我投降了。

几年后,在一本私人出版的安吉尔地区的历史书里面,那个裹在葡萄藤里的婴儿的故事也得到了证实。我终于认输了。那时我已经成了小说家,自然也意识到,听妈妈讲述这些故事在某种程度上,也许成就了我的作家之路,至少,磨炼了我的审美。因此,我一向津津乐道于魔幻现实主义和寓言类故事,也就毫不稀奇了,因为我喜欢一点荒诞感。一方面,我并不确定在我这么小的年纪就给我讲这样的故事,是否是恰当的教育;但另一方面,这样的教育却恰恰是值得一个初出茅庐的小说家去思考并获得启发的。所以,在三十出头,出版了两部小说后,我决定是时候写一写我的家族历史了。

另一个真实的故事:大萧条时期,外祖母在北卡罗来纳州首府罗利一间妓院里长大。她妈妈是妓院的老鸨。从我母亲小时候起,她就一直被蒙在鼓里,甚至是唯一对此一无所知的人。事实上,这件事还是我父亲告诉她的。那时他们新婚不久,门廊下只有男人在闲聊,他在那些缓慢而冗长的谈话中知晓了这一切。我母亲感到无比震惊,但也说得通,长期保守的秘密总是惊人的。

不得不承认,我自己也开始认定,把家族旧事讲出来,让它们透透气,是最健康的生活方式。我的父亲就来自一个守口如瓶的家庭。他自己的父亲在他五岁时就去世了,死于军用吉普车事故。过了几十年,直到四十几岁的时候,他才知道,他母亲在此前一年半就离开了他父亲。她只在布鲁克林的公寓里草草留了张便条，就带着三个孩子回到了西弗吉尼亚，独自一人。

这在我看来十分不健康。后来我嫁给了一个白人新教徒，他的全家上下每一个都是嘴巴极严的人。我向他声明了不保留任何秘密的重要性。好在他自己的童年就是因为父母离婚而支离破碎的，因此他也意识到应当寻求一种新的相处方式。

在我决定写自己的家族故事的时候，外祖母已经八十多岁，身体并不好。我清楚这一点，明白要获取她童年的第一手资料，我得马上开始写这个故事，即便感到自己还没有完全准备好。

外祖母坐在她粉色的公寓里，把卷毛狗抱在膝盖上。我拿着微型录音笔，坐在她身边开始采访。她有一个灿烂的童年，她对我说。她爱她的父母，院子里的女人们给她留下的也都是美好的回忆。男人们会给她几个硬币去看电影。不过，每当她母亲和男人出去，她和一个兄弟就会被送去孤儿院暂住。后来她十五岁了，显然不能再住在妓院了，这实在很危险。于是，她嫁给了她哥哥最好的朋友，也就是我外祖父。外祖父第一次打她时，她坐上公交车回了家。接下来的部分我不忍卒听——至今仍不敢听，她母亲把她送回了他身边。

很快我就发现，外祖母完全可以平静地接受采访，可有问题的是我。我会变得很情绪化，不得不时不时地去她粉色的卫生间里，往脸上泼水，以让自己冷静。

最后，我别无他法，只得请她在夜深人静时分，对着录音笔讲话，反正那时她总是醒着的。这样，我就可以听录音，支撑不下去的时候，暂停就行了。

于是，我知道了一些外祖母让我不要告诉母亲的事，不多，但绝不能无视。因此，我成为她们两个人之间的秘密基地。

外祖母的健康每况愈下，曾有一刻她对我母亲说："还有一些事情我没告诉过你。"显然，那是很重要的事，必须在她离开前告诉我母亲。到了这个时候，未曾说出口的秘密已经很少了。妈妈已经继承了那些故事，并把它们讲给了我听——太多太多故事，必须一一记录。我对此进行的深入调查也发掘了不少曾被悄悄掩盖起来的东西。在习惯讲故事的家庭里，人们往往活得长久，而随着年龄增长，也会讲出更多的故事来。

妈妈说，当时她深吸了一口气，心想，噢，天哪，来了。她这样解释自己的疑惧："我母亲和我说了这么多，一向都十分坦诚。我相信她对我没有保留。我无法想象她未曾和我提起的事情是什么样的。所以对她准备告诉我的话，我感到异常恐惧。"

在那短暂的一瞬，外祖母看着自己的女儿，读懂了她脸上的表情，那是混合着恐惧和疲惫的表情。在一刹那的讶异后，她说道："好吧，也许有些事情你不必知道。"

母亲松了一口气。她对此很感激。事实上，正因为她和自己母亲之间极为亲密的关系，才会出现那一瞬间无言的默契。

后来，母亲常常回顾那一刻。她拒绝了自己的母亲吗？她是否要求自己的母亲赐予最后的温柔——不说出口，而那是真正的恩赐吗？

"我承认，有时候我会想，她到底想说的是什么，但我并不后悔。"母亲说。她是独生女，外祖母十七岁就生了她。她们是母女，却也是共同成长的关系。她们始终在尽自己最大的可能彼此深爱。

我想起了我父亲的母亲——她给丈夫留下字条,就把孩子们带回了山区。孩子们的父亲明明是死了,为什么要对他们说是婚姻完蛋了?为什么要告诉他们,父亲把所有的工资都拿来酗酒,让他们几乎不能糊口?无论如何他也以自己的方式精彩地生活过,为什么不给孩子们留下仅存的回忆呢——让他们回忆起这个父亲有恰到好处的幽默、精彩的舞姿和轻松的笑容。为什么要玷污这些回忆?让他们明白自己拥有一个父亲,拥有一个符合他们需要的父亲,同样也是美好和力量。

和先祖们一样,我也相信故事可以拯救我们。故事是我们最伟大的财富。一个人愿意与另一个人分享故事,是对彼此亲近程度的测试,是恩赐。可能有些人会把我母亲的倾诉视作负担,似乎是把她肩头的担子卸下放在我身上。我不这么认为。我将它们视作分享人性的时刻。在那些时刻,她将彬彬有礼的日常面纱揭开,露出自己真实而脆弱的一面。她对自己和先人都保持赤子之心。再黑暗的故事也始终充满希望,毕竟,能够讲故事的人都是幸存者。大难不死必有故事[1],这不是一句空话。母亲是在为过去发声,为过去那些已经无法讲述自己故事的人发声。故事是一场对遗忘的抗争,对失去的抗争,甚至是对死亡的抗争。每当长眠之人有故事被讲起,他都迎来了一次重生。每当过去的声音响起,我们便同时活着多种人生。

你看,孩提时期我就知道我所经历的一切,并不是这个世界全部的真相,日复一日。每个孩子都感觉得到这一点,感觉得到自己被什么东西保护了起来。是我母亲的故事让我窥见温室外面的样子。实际上,有人能够承认我们的文化所宣扬的梦幻般的理想童年并不真实存在,其实是一种安慰。是母亲向我展示了生活的复杂与丰盛——黑暗,是的,但也美得惊心

---

[1] 谚语,Live to tell the tale,直译是"活下来讲故事",常用来表达一个人大难不死。

动魄。

母亲还会继续给我讲故事，一个个仍然令我吃惊的故事。这段时间，讲述得更多的是她和我父亲漫长婚姻里的点滴。这些都是爱情故事，略有些难登大雅之堂。我父母都八十多岁了，但身体健朗。如今回顾起自己的童年，我无比感恩她对我讲述的故事，不仅是作为一个作家的庆幸，也是在感激那些故事给我们带来的亲密感。

同时，我承认，我也会给自己大一点的孩子们讲家族的故事。我的大女儿菲比·斯科特现在二十三岁。她是个雕塑家，做与真人等身大小的女性雕塑，尤其是那些把故事融进自己的骨血的年长女性。家族的故事似乎成了她工作的养料，与我的经历相似，又截然不同。

自然，还有一件事让我忧心忡忡。既然外祖母可以把一些秘密保留到她逝世的那天，我的母亲也许也有这种能力。

这种想法时不时地会在我脑海中响起——如果她还没有告诉我一切，那会怎样？如果最可怕的事情她还没有说呢？如果还落下了一件事呢？

如果那一刻到来，她在我耳边低语，说她要在死前告诉我一件事，我不会拒绝。我没有那样的意志力。我必须知道那件事。

我会俯下身来，即便这么做不一定是对的，但我仍然会说："什么事？告诉我吧。"

妈妈的同一个故事
The Same Story About My Mom

琳·斯蒂格·斯特朗
Lynn Steger Strong

有一个关于我妈妈的故事，我四处对人讲述，用以弥补其他故事对她的形象带来的影响。这么多年，我既用这个故事说明她对我有多好，也用它来证明自己以为她有多糟。我也许在故事里添油加醋，但相信大多数人都做过这样的事情。我们总是在挑选故事、改编故事，把故事讲给别人听，用来证明自己或是故事中的某人所拥有的品质。

这个故事发生在一个周末，我还是个大一新生，妈妈来接我出宿舍门。那时我十八岁，患有抑郁症。每次她在我宿舍待多久，我就在床上或者图书馆的椅子上睡多久。她则在那段时间里打扫我的宿舍，洗我囤积的衣服，弄得她自己满身大汗。冲了澡以后，她又带着我出门吃饭。我是个生活紊乱的抑郁症患者，这几个月来，我房间里散发出来的臭味强烈到站在走廊上就能闻到。人们只要询问臭味的来源，就知道应该尽量避开我。我仅有的几次出门都是为了上厕所或者冲澡，但总是有人盯着我看，窃窃私语。

我的室友早就搬走了，当然是因为受不了我，不过还有个原因是她在宿舍门外兜售大麻被人逮了。我与世隔绝，于是这间宿舍的情况愈加糟糕：成堆的脏衣服，大多是充满汗臭甚至结了盐晶的运动服；贝蒂妙厨的糖罐头，这是我当时的主食；还有其他我大吃大喝留下的垃圾食品的包装纸，包括我拒绝离开宿舍的那几个礼拜，一个朋友带给我的墨西哥卷饼的包装袋。

我父母还算富裕，有时候我讲这个故事，就是为了说明我妈妈不只有豪宅豪车和戴满耳朵、手腕和手指的珠宝首饰。我想告诉人们，妈妈是白手起家；她爱我，她也努力工作。我想告诉人们，我是怎样一个一无是处、娇生惯养的孩子；我想告诉人们，她为我做所有事情的时候，我只会坐在那里一动不动；我想告诉人们，她一筐一筐地拿衣服去洗，但是洗衣机的换币口坏了，是我最害怕的大二男生们给了她二十五美分，她后来还去自动售货机给他们买了糖果作为感谢，以此和他们交了朋友。有一次，就是第二年的秋天，就因为我喜欢一把椅子，她就在商场里买了，一路坐地铁把它搬去了我宿舍。

我讲这个故事，是为了告诉人们，我妈妈一定过得十分不易。

一开始，我讲这个故事，是想展现母亲的力量。但当我有了自己的孩子以后，这个故事的性质就改变了。这个故事变了，我整个人也变了。在我初为人母的那几年里，我开始感到对妈妈的怨愤。

她不曾与我沟通。有一次我抱着自己的孩子喂奶，一边如此对别人说起她在我大一时来我宿舍的这个故事，而我小时候，她没有抱着我喂过奶。她不曾爬到我宿舍的床上，和我交谈。她也没有问过我，哪里出了问题。

她当然知道哪里出了问题，因为那时我已经断断续续地接受了好几年的心理治疗，因为高中做的一堆破事：酒精中毒，交通事故，逃课逃到要退学。医生给我开了各种各样的药。我拒绝吃药。于是她冲着我大喊大叫，冲着我泪流满面，冲着我怒不可遏——我一无是处，一文不值，我不配做人，我他妈的到底哪里出了问题。她坐在我房间里试图抱着我，尽管我比她胖多了——求求你，求求你，求求你，求求你，求求你，一遍又一遍，她求我不要这样下去了。

后来，在我的孩子蹒跚学步时，我又怀孕了。从那时起，妈妈停止了和我交流，开始争吵。她在电话里冲我吼，数落我糟糕透顶的人生选择——布鲁克林的公寓选址太差，考虑要买的佛罗里达的房子又年久失修。我听着电话，大着肚子，站在研究生教室的外面。在我们的争执中，有些东西正悄悄发生变化。

再往后，她不仅数落我，还数落我和丈夫为孩子做的决定；她不仅蔑视我的生活，也蔑视我们努力为孩子创造的生活。我们冲着对方大吼大叫。没有对，没有错，也没有灰色地带。我们两个争论的焦点，在于我是否曾爱过，并依然爱着我的孩子。月复一月的争论不休，我告诉她，我需要清静一阵子。我想和她停战，可那竟然成了我们仅有的交流。

那时，我反复讲述的那个故事又换了个主题。我想告诉人们，如果我是我妈妈，去波士顿看我没有什么自理能力且患有抑郁症的女儿，我一定会强迫她告诉我，到底出现了什么问题。我会和她沟通。我会做一个更好的妈妈。我如此想着，也如此告诉其他人，就好像"更好"是个简简单单的事情，就像我可以很容易去想象妈妈当时的感受一般。

我很会讲故事，和我妈妈一样。她是律师，一名诉讼律师。我也容易义愤填膺，这一点也和我妈妈一样。一旦遭遇什么人或事让我委屈，我会立刻怒火中烧。在我表面的怒火和悲伤之下，潜藏着一股兴奋的战栗。这种感觉充满活力，十分诱人。我仿佛可以站得很高，望得很远。

十六岁的一天，我的车被拖走了，妈妈开车带我去停车场取回。一路上她都冲我怒吼，滔滔不绝地说我有多么不堪，多讨人厌，是百无一用的废物。

她咆哮着对我说——最近几个月她一天到晚说这些话，我一直当作胡言乱语，她说，她和我爸爸绝不会把辛苦赚来的钱给我拿去上大学。（这不可能，她自己也明白，他们绝不会允许自己有个上不了大学的孩子。）她对我说，她感到无助而疲惫，我怎么能这样，我为什么会这样。我变得肥胖。我既不去学校，也不去运动。我不停地酗酒，然后就被抓了。

她一边朝我吼，一边开车，开的是红色的敞篷车，篷顶关着。我们到拖车厂，看见里面堆满了车。看守员问她收六百美金。她望向我，我穿着棉睡裤，眼睛因为几分钟前刚哭过所以是肿的，脸因为肥胖所以也是肿的，衣服没有一件合身，但我一直穿着，直到不能穿为止，就算外面天很热，就算我的皮肤上长满了疹子，这些疹子破了渗进毛孔里，让我全身都散发着一股连我自己都感到恶心的气味。

妈妈看着这个男人。据我所知，他只是停车场的雇员而已。"我会起诉你。"她说。她向他解释他做的事情有多么不公平，他拖走了我的车，而我只是一个十六岁的孩子，还没有能力，也不需要知道自己犯了什么错。她指出，他的所作所为，只是为了讹诈我们六百美金。然后她转向我，接着补充道："讹诈这个孩子。"她特别强调了最后一个词。我蜷缩着身子，一来是出于害怕，二来也知道我需要扮演这样一个角色。她威胁说要打电话给报社，提出会为所有外面堆放的车辆向这个停车场提起民事诉讼。她还引用了法律条例，说："以人财物为质胁迫他人交出金钱，这是抢劫。"

我们开车进来的时候，这个肥胖的、胡子拉碴、挺着啤酒肚的男人还是半睡半醒，任由她发表了所有的讲话。然后他说我们可以直接把车开走，拜托我们赶紧离开这里。她把钥匙给我的时候，我发觉她的表情变了，也许她想到，我们同仇敌忾，我们站在同一阵线，拿回了自己想要的东西。

如果要写我不能告诉也没有告诉妈妈的那些话，恐怕得长篇大论。刚刚准备写这篇文章的时候，我很兴奋，想要把所有她弄得我发疯的事情都写出来。但当我想起她时，我内心的感受并非如此。我早就对她说过我的想法。我伤害过她。她伤害过我。这些都不是秘密。

前段时间，我教一个班性别研究的课题。九个十来岁的女孩子，桌子围成一圈，对于母亲的话题，每个人都急于表达——是的，我和学生们谈起了母亲。我们讨论她们没有能够成为她们本该成为的我们的偶像；我们讨论她们不需要也不想要自己的空间。学生们没有注意到，我哭了，我眼中噙着泪水。一下课，我就往卫生间隔间里跑，在里面坐着，直到我止住眼泪。近来我都没有和妈妈讲过话。我们很少聊天，我无法形容我们最后一次聊天时我心里的感受。从厕所里出来以后，我想了好几个小时，我想我要给她打电话，我要告诉她我爱她。但我缺乏给她打电话的信心。我担心在电话里，她说的话会让我很难再去爱她。

我想给她打电话所说的，就是我不能告诉妈妈的话。我多少次拿出手机，翻到她的名字，盯着那个名字，又把手机扔在一旁。也许对我们每个人来说，都有一个巨大的缺口，那个缺口源于我们的母亲与我们认为"母亲"所应该代表的含义并不相符，她所给予我们的也与她们应该给予我们的不相符。如果我能找到一个方法，让自己不再为此感到悲伤或是愤怒，那我会对她坦诚一切。但在此之前，我不能。

我的小女儿哺乳期比我预想的要长许多，一直到她两岁。我能够给予她她想要的东西，这种轻松的感受我很喜欢。她哭了，我就只要给她一边乳房，让她开始喝奶，一切就很美好。她断奶后，我突然感到恐慌。猛然间，再也没有一个明确的方法，能让我给予她想要的东西，没有一个确切的方式，保证她可以平静下来。当她需要时、渴望时、痛苦时，我只能凭猜测行事：哄她，求她，问她，抱她。我只能用人类爱他人的粗陋而抽象的方式来爱她。

曾经有个心理医生对我说，我只是生错了家庭。"只是"这个词是她用的，不是我。每当人们问起我的父母，我偶尔会说，我们有不同的价值观。但其实这句话听起来比我真正想表达的意思更加主观，更有批判性。我只是感觉到，我们是完全不同、彼此独立的人，只是在一生中，我们都有意无意地伤害彼此，也笨拙而谨慎地爱着彼此。随着我年纪的增长，做母亲的时间变长，这种感觉与我十四岁时的感受一样新鲜而弥久。

有一天，我同意孩子们在我清洁浴室的时候看电视。我很少允许他们这么做。我小时候，妈妈让我看了许许多多的电视。她辛勤工作一周，在周末为我们做到的事情，是我现在对自己的孩子所做不到的：周末，她会大扫除，而我现在却常常做不到为自己的孩子提供干净的住处。我小时候还因为这件事抱怨不休，尤其是说我长大了会如何如何。我那时以为，一定有更好的方式来爱人与被爱。

但几个礼拜前我做了和妈妈同样的事情。我很累。孩子们需要我的时间太多了。他们这个年纪，明明可以在电视机前一坐就是好几个小时。我开始清洁浴室，因为如果我关掉电视和他们共度一天，就要开发出许多爱他们、让他们高兴的复杂娱乐方式。但是我没有准备好。我很少打扫浴室，里面脏兮兮的。我把砖缝里的污垢擦掉，擦干净浴缸底的肥皂渣，两只手沾满了漂白水,膝盖也跪得酸痛。然而,这就像用一种熟悉而充实的方式在给予他们爱;这就像他们想要的母亲,也是我想要成为的母亲;这就像是我母亲。

. . .

就像这天前的许多次一样,那天我差点就给妈妈打了电话。我打扫完,看着镜子里的自己,胳膊很细,肩膀上长满了雀斑,宽鼻子,短头发,额头上布满汗水。我看起来和她真像。我想告诉她,我和她真像。但我打过无数次这样的电话,她无数次令我失望。她并不想分析我们的共同点,也许是因为我总是想一上来就分析我们渐行渐远的原因。她并不热衷谈论自己的感受。每当我请她考虑一下我们之间存在的问题时,她总是感到我在诘难她。

我未曾与我母亲谈起的是,她伤害了我,我很愤怒,但这已经不再那么重要了。我们都曾伤害过彼此。她也许有机会不伤害我,我也许也有机会不伤害她。我此刻所希望告诉她的是,我现在,终于,没事了。

这太美国了

While These Things / Feel American to Me

基泽·莱蒙

Kiese Laymon

我是杰克逊州立大学暑期夏令营项目一名九岁的营员。蕾娜塔则是您的一个学生,二十一岁,是夏令营的辅导员。夏令营里我只认识她一个人。入营第一天,所有人要做体检。体检表格上,医生我的体重旁边写了个潦草的"超"。我问旁边一对年纪大一些的双胞胎,想知道他们的体检单上是不是也写了"超"。

"这意思是超重,黑鬼。"其中一个人回答我,"说明你在这个年纪,超级肥胖了。"

回家后我在字典上查"超重"这个词。我的保姆来了。等她离开的时候,我感觉自己没有那么肥胖了。

第二天,我对那个说我超重的双胞胎说,所有营员都觉得比塞尔玛·伊万斯还苗条的那个辅导员蕾娜塔,我见过,还是裸体的。"你觉得她现在漂亮吧?"我说,"她不穿衣服的时候更正点。"

那个双胞胎回答说:"蕾娜塔绝不可能在我这种'肥胖的小黑鬼'面前不穿衣服。"我则向他们描绘了蕾娜塔胸口的一个胎记。双胞胎倒吸一口凉气,但终究还是把这件事告诉了年纪大些的男孩子,这些男孩子又告诉了年纪更大的。如此这般,到了周末的时候,许多营员都开始私底下称呼蕾娜塔是"不洁之女"。

当着她的面也是。

蕾娜塔在夏令营里不和我讲话。她绕路避开我,我绕路避开她。然而,和前几个月的每个星期一样,那个星期的两个晚上,蕾娜塔还是来了我家。严格来说,她算是我的保姆。她仰慕您。蕾娜塔来的时候我们就看摔跤节目,读书,玩雅达利[1],喝果珍。蕾娜塔对我的身体做粗鲁的事情,而粗鲁的事情让我感到自己被选择、被爱。似乎蕾娜塔也因为这些粗鲁的事情而感到被选择、被爱。总有一天,我会看见、听见蕾娜塔对她真正的男朋友做更粗鲁的事情。我会听见蕾娜塔喊他停下。他对她做的事情应该不会让她觉得被选择或是被爱。我不会在乎他对蕾娜塔做什么。我只会在乎蕾娜塔不再会选择我了。

三十多年后,距离我与蕾娜塔相遇之地一百六十英里处,我回想起她第一次把右乳放进我嘴里的味道和温度,混合着刚刚喝过的果珍的气味。我回想起她那么用力,甚至挤到了我的鼻孔。我回想起她左手对我的安抚。我回想起她抚摸我的皮肤时,我是如何紧张地弓起身体,不是因为我害怕,只是希望这样蕾娜塔摸我肥胖柔软、皮肤漆黑的身体时,能感觉更硬一些。

我以为自己散播那些流言蜚语不是由于蕾娜塔对我做过什么,而只是因为她是个比我年纪大的黑人女孩。而我明白,无论是对多大年纪的黑人女孩,散布有关她们的流言,其实是告诉对方我爱你。

三十多年后,我想祝贺自己,在身心最混乱的日子里,没有成为卡瓦诺[2]、特朗普[3]或是科斯比[4]。我做出的所有伤害性的行为、我拥有的所有毁灭性的关系,我想全部归咎于童年性侵经历,或者全部归咎于经济贫乏,

---

1 1972 年创立的美国游戏品牌。
2 布雷特·卡瓦诺,美国最高法院大法官。
3 唐纳德·特朗普,第四十五任美国总统。
4 比尔·科斯比,著名演员、编剧、艺术家。此处提到的三个人都曾有过性侵丑闻被曝出。

或者全部归咎于白人，归咎于被揍，归咎于密西西比还企图让我们这些黑人孩子为我们所遭受的恫吓而感恩。在这个国家，在这个州，在这个城市，在每一个美国人的房子里，我所遭遇的经历，都太恐怖，太污秽，太依赖于——也受制于一个暴力循环，以至于我无法言之凿凿地说，如果我伤害这个国家的任何一个人，那一定是因为我曾经被伤害过。我也不能说这个国家的某个人伤害了我，是因为他童年某次特定的受害经历。

在这个国家生活的人，没有一个可以有这样的幸运。

这些年来，每当我思考美国式的因果关系时，都会想到"而"这个字的重要性。"而"是个使用频率很高的字。几十年来，黑人女权主义者和黑人政治学家一直试图教导我们要信奉"而"。蕾娜塔伤害我，而我不能伤害她，因为我伤害她的方式是她不能够反过来对我实施的。与此同时，性侵在我们社群中发生了，而家庭暴力也在发生，而经济不平等也在发生，而大规模的驱逐和监禁也在发生，而国家经济衰退却暴力对待教师，而教师也在退步却暴力对待学生，而被暴力对待的学生则暴力对待自己和年纪更小的弟弟妹妹。

去年，我为您完成了一件艺术作品，这件作品我十二岁时就开始制作了。我希望可以艺术性地探究我们身体的形态和结果，而无须考虑那么多家庭和国家所隐藏的秘密。我想把它命名为《重》，您同意了。

我略带匆忙地完成了《重》的第九稿，忽然明白了一件事情。倘若我私下里伤害了某个爱我的人，却在公开的场合忏悔，宣称是出于某些廉价的男女观念或是金钱，那件事就远非单纯的粗鲁所能形容的了。我幼年时被伤害和侵犯过，还好从没有见过谁公开忏悔说他们是为了钱来侵害我的。

也许未来这一切会有所改变,但如今,我的世界里最重要的问题是:我到底为什么要撒谎?我只是单纯地不愿意回答某个问题,还是在考虑这个问题和我们的谎言对人身和结构暴力[1]的影响?我到底为什么说谎?为什么在如此久的时间里,我们要对彼此说如此多的谎言?我会如何面对这些谎言?我伤害过爱我的人,现在我仍不顾一切地想要对这件事撒谎吗?我仍不顾一切地想要相信,我拒绝谈恋爱,是出于正派,而并非因为自己是个害怕被拒绝、害怕不被选择的肥胖黑人男孩吗?我仍然想要相信,美国的男人们必须敏锐地指明我们所造成的伤害、追溯创伤的来源,而女人们则为"我们对伤害的坦诚"而鼓掌,并忽视我们所带来的伤痛,只有这样,才能够创造出惊人的文学作品吗?我仍不顾一切地想要相信,随意编纂的一套精心措辞的坦白从宽,就能够使艺术流芳千古吗?我明知道不是这样。

而我却仍然想要撒谎。

我完成了回忆录的修订。自十二岁起,在外祖母家的门廊上,我就开始为您写这本回忆录了,不是因为我想记录下自己的成长历程,而是因为我再也无法欺骗自己,我成了一个什么样的人。我成了一个懦弱、孤独、不健康、情感虐待、药物成瘾却成功了的黑人作家。在写书的过程中,我意识到自己从未对世界上的任何一个人诚实过;我意识到虽然结构暴力支配了我们大部分的生活,但我伤害过的大多数人,却是我所爱的人;我意识到尽管遭受着人群、体制和政策的针对、伤害以及操纵,但在这个国家,总有一些人,仍在诚实地、彻底地、慷慨地爱着。

有这样的老师,他们竭尽所能地理解学生生活的方式与环境,而同时

---

[1] 有理论认为,基于社会的、经济的、政治的、法律的、文化的等传统因素对人的潜力的限制就是结构暴力,例如贫困、差别歧视这些发展问题等。

又能在不伤害学生的前提下充满职业道德地进行教育；有这样的信托负责人，他们将弱势群体的健康作为机构工作的底线，而不惜冒着失去工作的风险；有这样的父母，他们在做出生命中的每一个决定时，不仅会想到对自己孩子的影响，也心怀世界上所有容易受伤的孩子，而即便他们自己都没有足够的钱支付医疗、公交和食物的费用。

不过事实是，在美国，这样的人极少。

或者是，可能我们太愿意选择相信自己就是这种美国人。我自己就是这样。如果这样的选择正是美国式恐怖的基石，那么如何处理这个选择则是这个国家自由表层之下的根源。我明白，这个国家的问题并不是我们无法与持不同意见的人民、党派和政治"和谐共处"，而是我们害怕公正地去爱我们标榜所爱的人民、土地和政权。我为您写《重》，是因为我希望我们在爱上做得更好一些。

读完《重》后，您回信给我说：

> 在我的回忆里，我听到了我们的欢笑与争吵，听到了我对你无休止的忧虑，我担心你的安全、五年级的成绩，我担心你镇上的篮球比赛、女朋友的选择和去新奥尔良或是孟菲斯的旅行，以及你所遭遇的失败，是的，乃至我会担忧过早地失去你，无论是因为你会离我而去，或是被飞来横祸带走。我时刻生活在忧惧之中，而我也许本该更加勇敢地去生活，少一些强迫式的爱，多一些信念感。我做过一些错误的选择。

三十多年前，蕾娜塔几乎赤身裸体地与她男朋友一道跑出我家时，我的心碎了，仿佛失去了第二个选择我的成年女人的爱。现在我明白自己并不爱蕾娜塔，我爱的是她带给我的感受。我也并不确定自己当时是否爱您，但我清楚地知道我爱您带给我的感觉。即便蕾娜塔选择了伤害我，至少她曾愿意抚摸我。因为一些彻彻底底美国式的原因，那粗鲁的抚摸在我看来就像是爱，因为她完全可以粗鲁地抚摸我身边的任何一个黑人小孩，但她选择了我。也是出于彻彻底底美国式的原因，我没有去思考蕾娜塔所遭受的暴力，无论暴力来自她的男友、父母或是老师，还是来自我们世界里的男孩子和我。既然我现在思考了这一切，并与您分享了我的想法，那么为什么我们还要让这一切，让所有的"而"，任何一个"而"发生呢？为什么不让我们在之前和之后都更好地相爱呢？对我来说这是如今唯一重要的问题。您可以告诉我对您来说重要的问题是什么吗？我们是否可以用余生来探讨这些问题？在美国，我们能否更好地相爱？

母·语
Mother Tongue

卡门·玛利亚·马查多
Carmen Maria Machado

妻子瓦尔和我结婚的几个月前，我们预备拜访一名非宗教性的婚姻顾问，请她帮助我们进行一系列的婚前准备。我希望我们有一个正确的开始——找到我们缺失的部分，集齐可以帮助我们成功适应共同生活的拼图。我们的顾问是一位聪明幽默的女性，名叫米歇尔——我想她正是我们所需要的那个人。她深思熟虑，巧妙地打破了我们每个人的戒备——她看穿了瓦尔的情绪以及我的退缩。（她十分清楚我们这两个大孩子需要她为我们做什么，于是对我们的努力给予了无尽的赞美，甚至还在最后给我们发了毕业证书。）当我们讨论到孩子的问题时——有一整个系列培训是专门针对这个问题的，像是婚前咨询方面的《鲨鱼周》[1]，我惊讶地发现，自己对为人父母有着十分矛盾的心理。

当然了，瓦尔和我也曾经谈起过孩子。一旦我们意识到对这件事是认真的，我俩认定要结婚时，便达成一致，认为我们并没有必要敲定要孩子的时间和方法，但我们两个都想要成为母亲。后来我们有了两个小侄子，也算是提前拥有了生命中有孩子的体验：尽管筋疲力尽、脏乱不堪，却乐趣连连，仿佛有着魔法的力量，这定然是我们想要拥有的。

因此在咨询室里，当我对未婚妻说出"我不知道自己是不是想要孩子"

---

[1] 《鲨鱼周》是 Discovery 探索频道广受欢迎的鲨鱼主题节目，详细地介绍了鲨鱼的方方面面。

的时候,连我自己都万分震惊,鼻子也酸了起来。我重复了一遍,甚至都不敢相信这句话能从我嘴里说出。"我不知道自己是不是想要孩子。"我感到自己要哭出来了,但是并没有。我只是呆坐在那里,仿佛发现了新大陆,而事实上却并非新想法。

纵观我的一生,对为人母的情绪逐渐从矛盾变为渴望。我喜爱小婴儿,喜爱他们圆嘟嘟的小胳膊小腿、若有所思的小脸和握紧了的小拳头;对蹒跚学步的孩子们,我则往往感到困惑,困惑于他们毫无理由的行动、尚未形成的身份认知,甚至反社会的行为;我更喜欢大点儿的孩子,可以和他们讨论学校和读的书;而青少年则仍然是一条完全未知的且令人惧怕的——地平线。作为一个怀疑论者,我恐惧怀孕及其引发的生理风险;作为一个享乐主义者,我也不愿意放弃威士忌、鸡尾酒、寿司、奶酪;作为一名作家,我则害怕会因为抚养孩子而失去写作的时间。

年轻的时候,我不确定自己想不想要孩子。后来,当我二十三岁第一次坠入爱河时,某种荷尔蒙发生了变化,不确定变为了深切的渴望。当时我一味想着要个孩子,即便我根本没和任何人约会,即便我根本不想怀孕。我一夜夜地梦见自己怀孕了。那些梦都是一模一样的:我躺在床上,手放在凸起的肚子上,明白一切将要发生改变。

孩提时期,我对自己母亲的爱并不复杂。我常常生病,她又不用外出工作,于是就要花许多时间送我去看医生。我在家的时候就和她一块儿看肥皂剧,她会一边熨衣服或者运动,一边看电视,她尤其喜欢《我的孩子们》[1]。我想她很怀念这个时期的我,因为所有关于我的难题,无论出于

---

1 自1970年起播放的长篇家庭电视剧,四十年间播放了上千集。

什么目的，还都是孩子气的。对于年幼的孩子而言，她是个好母亲。

母亲自己有八个兄弟姐妹——九个孩子生活在农场上，没有属于自己个人的所有物。她学业艰难，但好胜无畏，十八岁就远离家乡威斯康星州，去了佛罗里达。她也许是个风趣迷人且善良和气的女孩，但她的家人觉得她难以相处——固执己见、自以为是。不幸的是，我恰恰继承了这些特质。

随着我的年纪逐渐增长，我们之间的关系也愈加复杂。每个少年都有一个无法理解他们的母亲，但是似乎，在我看来，我的母亲是最不理解我的那一个。我渐渐长大，问题也越来越复杂。我开始不需要母亲了，至少不像小时候那么需要；我需要的是一张复杂的结构网络：我需要心理咨询，工作，一个不歧视胖子和女性的社会，一名同性恋导师，帮助我申请奖学金的人，以及一个在我毕业时不要发生经济衰退的心愿。同时，我的兄弟姐妹们也开始渐渐成熟，比各自的幼年时期更加难以捉摸。我们纷纷离开了她的轨道。

母亲决定回大学读书，拿副学士学位[1]。她做到了。接着她开始频繁地换工作，试图找到自己的兴趣所在：她做过房地产、特殊教育、家具修复、零售业。每一项到了最后，她都会失去热情。她对生活的失望之情日益增长，与此同时，我则在学校茁壮成长，上了大学，获得了硕士学位。一条巨大的不可逾越的鸿沟横亘于我们之间。每当我见到她，她总是想尽办法告诉我，无论我取得什么成就，我都是个失败者。"你得学会做出更好的选择。"她如此对我说，却从来没有具体说明到底是什么决定。我在她那里听到的只有"我应该有更好的选择"。在这件事上，我帮不了她。

---

1 在美国两年制的社区大学毕业后获得的学位。

大学毕业后的几个月，我搬到了宾夕法尼亚州的东南部。瓦尔和我当时还只是恋人关系，我们都各自住在父母家里找工作。她的父母很高兴有她，而在我家里，我的存在引发了频繁的争执：我父亲坚称无论何时都欢迎我回家，因为他们是我的父母，他们爱我；而我母亲则说这不是我的房子，她让我住在里面只是因为我父亲的坚持。我告诉她，我很清楚这不是我的房子，一旦我和瓦尔在费城找到工作和落脚处，我们会立马离开。

我在客房里睡得很不舒服，那以前是我兄弟的房间，塞满了家具，根本没地方放行李箱，连走动也很困难。我母亲禁止我在房间里吃喝，说我可能"会弄得一塌糊涂"。她会时不时地打开门来"突击检查"，来确保我没有做一些事情——我不知道是什么事，大概是怕我在客房里做血祭或者养蜜蜂，要是正好床单是掀开的，或者我的睡衣摊在床上，我就会听见她的尖叫声像鸟一样在房子里回荡。在人们的刻板印象里，中西部的人往往喜欢以退为进，但这个印象并不适用于我母亲。她需要对所有事情指手画脚，她需要战斗。事实上，我也遗传了她这一点。这是我最糟糕，也是最优秀的特质。

白天，我找费城的工作，同时做自由撰稿人。屋子里总是很吵（开到最大音量的新闻，我母亲对父亲的叫嚷），所以我总是坐在后廊工作，听着鸟鸣和远处球场上的砰砰声。母亲时不时地出来看我。"你不能就这么坐在这里，"她说，"你得找份工作。"

"我在工作。"我回答她，并指指我的电脑。

"如果你连份工作都找不到，那大学毕业还有什么意义？"她问。

这个问题十分诡异，一方面该问题直指我焦虑的中心，即我大学毕业后打算做些什么，同时也反映出她对我和我的生活知之甚少。我曾试图向她解释我的工作——我就"这么坐在这里"就可以每小时赚三十五美金，那么为什么我搬去费城后就要找份别的工作呢？但她不相信，或者说不理解，就好像工作是一个特定的事情，就像我必须在家乡叠衣服或是扫大街，否则就不能算份真正的工作似的。她想当然地在当地报纸上圈出所有招聘广告——我想做校车司机吗？电话推销员？打字员怎么样？然后把报纸拿给我。我已经很善于把报纸团得很有艺术感，然后扔进垃圾桶了。

"你要是找不到工作的话，该怎么还大学贷款呢？"她问我。

"我从来没有漏过一期还贷。"我说，"而且我有工作。"

"你还不起贷款的，然后你知道的，我和你父亲就得给你收拾烂摊子。你明白吗？"

我们一遍遍重复这样的对话。可能读者们会发现，显然，这只是一种错位的母爱和焦虑。读者们也许是对的。但是我当时却只觉得自己要疯了。她对我没有信任，没有感情，没有倾听，只有无知的控制欲。我感到自己仿佛生活在一个平行宇宙里面，我的生活一无是处，我所做出的努力一无是处。我又变回了一个孩子，一无是处的孩子。我什么都没有——时间不是我的，日程不是我的，选择也不是我的。（如果你睡太多觉了，就找不到工作；如果你一天到晚去和你女朋友约会，就找不到工作；你知不知道要找到工作才能还大学贷款；你找不到工作的话为什么还要上大学呢……如此种种。）

"你别以为你可以在这里长住。"某天下午她对我说，"别以为你可以搬进来住在这里。"

"如果你以为我哪怕有一秒钟这个念头，"我说，"以为我想待在这个疯疯癫癫的、地狱式的、噩梦般的房子里，让你骑在我的脖子上，而不是想和我女朋友一起住在费城，那你才是真的疯了。"

她咬紧牙关，一言不发。我不知道她想要什么，只知道她一定希望我离她越远越好。于是我如她所愿。

我即将搬出父母的房子的时候,瓦尔来看我。她找工作终于有了进展,我们十分想念彼此。出于不想和我母亲打交道的考虑,我们只待在我的房间里,喝着苏打水,吃着爆米花,开着笔记本电脑看电影。仿佛是风给楼下的母亲泄了密——也许她闻到了爆米花的味道,或者仅仅是出于为人母的第六感,她知道我们打破了她严禁饮食的规矩,开始大叫。她的叫声飘上二楼,显得刺耳而愤怒。我听见她对着我父亲大声讲话,就像我幼时经常发生的那样——尖锐的谈话声音,本意就是被人听见,希望我能够知道羞耻。她说我不知感恩,百无一用,不敬父母。我不再属于这里了,她要我走。

我内心突然浮现出一个想法,使我如释重负。我恍然意识到,自己所面对的,是一堵无可撼动、毫无逻辑的墙,我最好也要不顾一切,因为条理清晰、深思熟虑根本就他妈的没有任何用途。我拿着爆米花走下楼,站在母亲面前。

"你就是个噩梦。"我对她说,"你既无知又气人,你也好,这间屋子也好,就是活生生的噩梦。你是个可悲的人,这当然是你的权利,但我也有拒绝和你一样可悲下去的权利。"

"自私鬼。"她说,"你自私自大,觉得一切都是属于你的。"

"没错。"我一边说,一边冷静地把爆米花倒在了地板上。

她突然起身,离开了客厅。她走了以后,我把爆米花从地毯上掸下来,扔进垃圾桶里,上楼睡觉。第二天上午,我和瓦尔开车去了费城,住在一个朋友的公寓里。几周后我们搬走了,瓦尔找到了全职工作,我也凑了一些兼职:文书、零售、自由撰稿。我们很顺利,从此以后都很顺利。

我很享受那一刻——我终于做了她一直担心我会做的事情，把地上弄得一塌糊涂。从她自己的角度而言，她总算满足了，她的预期成真了，而我再也不用做这种事了。

. . .

我和母亲从此没有说过话。不是从爆米花那一刻开始，但爆米花是某些事情的开端——我意识到自己可以对生活做出选择，而选择之一就是她将不会在我的生活里面。五年了，她没有参加我的婚礼——她在邮件里说，要她屈尊来参加，我得先"修复我们的关系"。我当然没有费心再去回这封信。有个词，我想，就是"疏远"，适合形容我们之间的关系。很奇怪，我遥遥地想起她，就像想起大学第一个学期某个在生物课上认识的人，而不是像想起一个养育我的女人那样。

我不知道现在她对我的看法。我所成为的样子已经证明了她过去的成见是错误的，但我所认识的那个女人却从不道歉，也从来不会承认自己的错误。我坚信她爱我，如同坚信我们不应该成为彼此生命的一部分，因为塑造我身份的一切并非她，她在我的眼中是一个错误的榜样，告诉我不能像她那样来驾驭自己的人生。我也坚信她对我的成就感到骄傲——如同我坚信她对我的爱，这样的信念正与我对她的怨恨抗争着，但我不想预见一场内战，我也不必进行一场内战。

所以，要为人母，我还有很多顾虑，包括现实的问题，比如成本；主观自私的问题，比如我和妻子的事业与我们单独相处的空间；以及鬼马的问题，比如想到有一天我的孩子长大了可能会写一篇关于我的文章，名字叫作《与母亲未曾谈起的事Ⅱ》，而我只有通过这个方式才能对自己的缺点和弱点有一个清晰的鸟瞰视角。

　　我想，母亲可能想过一种自私的人生。她想象自己在四十岁、五十岁、六十岁时仍然会致力于寻找自己的身份认同，我对此毫不怀疑。我也并不指责她。我也想自私地活着。我想写书、旅行、晚睡晚起。我想烹饪古怪而复杂的菜肴，和妻子一起度过美好的时光。我和母亲之间的差异——除了她做她的选择，我做我的选择之外，还在于我和妻子对要孩子这件事更具目的性。我们要存钱，挑选精子，经历一系列复杂而昂贵的创伤性手术，才可以成为母亲。我们无法像异性夫妇一样，一个不小心就陷入意外为人父母的窘境。我想这样会更好一些，因为没有意外，而意外总是伴随着无法隐藏或压制的毕生的愤怒。当然了，在这个问题上，人无法从这一条路上获得经验，然后再选择另外一条路。你要么为人父母，要么就不是。

　　这就是我与母亲未曾谈起的事。我们未曾谈起，她对自己的生活完全不满意并不是我的过错；我们未曾谈起，她曾有机会了解我——真正地了解我，了解一个作为成年人、艺术家和人类的我，但她搞砸了；我们未曾谈起，我没有为我们所保持的疏远距离后悔过一秒，事实上，我一直在等待着悔意突然袭来吓我一跳，然而并没；我们未曾谈起，她对自己的生活如此不满，我也感到难过，即便对我最大的仇人我也不会希望他拥有这样的人生；我们未曾谈起，我怀念孩童时期我们之间的关系，但我已经不是个孩子了，我也不会再变回孩子。同样地，我们也未曾谈起，我犹豫是否要成为一个母亲，其实不是因为金钱、事业、抑郁或是自私，而是害怕。我害怕我在童年所学到的东西远远不够，我害怕我成为不了我希望自己成为的母亲，而是成了她。

你听得到吗?
Are You Listening?

安德烈·艾席蒙
André Aciman

我一直知道母亲听不见，却想不起来自己什么时候意识到这一点的。要是有人对我说母亲是听不见的，我肯定不会相信。这和学习性知识一样。比方说有个人坐在我面前，告诉我生活中的种种真相，尽管我根本不震惊，甚至可能早就了然于胸，却还是很难真正相信这一切。在知道与拒绝知道之间，存在着一条晦暗的鸿沟，即便是我们中最智慧的人也乐意居于其中。如果说有个人可以给我母亲写一份官方报道，那一定是我祖母。她不喜欢自己的儿媳妇，连带着也不喜欢她的聋人朋友们，觉得他们就像自己儿子房间里叽叽喳喳的鸟儿一样讨厌。刨去她是我祖母这重身份，这大概就和路人取笑我母亲的方式一模一样吧。

有些男人会在她路过时冲她吹口哨，因为她不仅性感美丽，还会大胆地直视你的脸，看到你不好意思地垂下眼睛。可是，一旦她要买东西，要用聋人单调嘶哑的喉音讲话，人们就会发笑。那个时期，埃及所有的犹太人都被驱逐出境了，我们也不例外。在被驱逐之前，我们住在埃及的亚历山大市，在那个城市，要是哪个人与其他人有所不同，人们就会这样取笑他。那不是一种放声大笑，而是轻蔑的嘲笑，不仅无趣，而且残忍。她虽然听不到他们的笑声，却可以看懂他们的表情。通过他们的表情，她终于明白了，为什么在她以为自己和其他人一样讲话的时候，别人却在偷笑。没人知道她花了多久才意识到自己和其他孩子是不同的，为什么有人不理会她，为什么其他人虽然想要表现得友好，却仍然不确定是否要同意她和他们一起玩。

我母亲出生于1924年英国殖民统治下的埃及亚历山大市一个讲法语的中产阶级犹太人家庭。她父亲的自行车生意做得很好，且不惜一切代价为她寻找治愈失聪的良方。她母亲带她找遍了欧洲最著名的耳科医生，每一次的结果都令人愈加灰心丧气。医生说，无法治愈。她是在只有几个月大的时候，得了脑膜炎，从此失去听觉，无从恢复。她的耳朵是健康的，但是脑膜炎影响了她大脑中负责听觉的那一部分。

在那个年代，没有"聋人骄傲"这回事。耳聋是一种耻辱。穷人往往不重视他们耳聋的孩子，只会指使他们终身从事体力劳动。他们的孩子永远都不识字，只能靠原始的手势交流。而在我母亲势利的父母眼中，就算你治不好耳聋，也要学会把这个缺陷隐藏起来。就算你并不为此感到羞耻，也要教你感到羞耻。你要学会读唇语而非学手语，你要学会用声音来讲话而非用手。既然你不是用手吃饭的，又为什么要用手说话呢？

起初，我母亲就读于一所犹太人的法文学校，可才过了短短几周，她的父母和老师就意识到这个学校无法接受一个失聪的孩子，于是她被送到巴黎一所由修女看管的特殊学校。与其说这是一所聋哑学校，倒不如说是所女子精修学校[1]。她头上顶着书走路，学习优雅的姿势；手肘和腰间夹着书坐着，学习餐桌礼仪。她学习缝纫、编织和刺绣。可是，她是个暴躁易怒的孩子，后来还成了个假小子，爱好收集自行车，而不喜欢玩洋娃娃。她可没有耐心去学习法国人的处世技巧以及法国式的优雅举止和礼仪。

两年后，她回到亚历山大，去了一位热心的希腊女士在自己庄园里创

---

[1] 为富裕家庭的女孩所开设的学习上流社会礼仪的私立学校。

办的专门面向聋人的法文私立学校。这是一间热情、宽容、充满使命感的学校。然而，课堂内容却是漫长而艰苦的学习，学习模仿那些我母亲永远也听不到的声音。同时她也要学习唇读：先学正面人脸唇读，因为我母亲学得很快，就进一步学了侧面轮廓唇读。她也学习阅读和写作，掌握了手语的基本知识，了解了一些历史和文学常识。毕业时，一名途经亚历山大的将军还授予了她一枚法国铜制奖章。

她花了人生前十八年的时间，一直在学习如何做一件世界上最不自然的事情：假装听得见。这就像教一个盲人不用手杖来一步步地数从一根柱子到另一根柱子间的步数。她学会了在别人讲笑话的时候笑，即便她需要另外辨别这句妙语里的文字游戏。她学会了在正确的时候点头，以至于有个对她讲话的俄国人一直坚信她听得懂自己说的每一个字。

那位希腊女校长成了学生们的偶像，可她的教学方法却对我母亲处理、分析复杂思维的能力带来了毁灭性的打击。一旦一件事超出了某个门槛，对她而言就失去了意义。如果你向她概述某个总统候选人的承诺，她就能谈论政治，但即便向她详细解释，她也无法理解政治家议题中的前后矛盾之处。她缺乏的是获取和使用抽象词汇的概念框架或象征符号思维的能力。举个例子，她欣赏莫奈的画，却无法谈论波德莱尔诗歌之美。

假使我问她一个问题，例如"上帝可以创造出自己搬不动的石头吗"，或是"一个克里特人说，克里特人都是骗子，那么他是在说谎吗"，她就无法理解。她是用语言来思考的吗？我曾经问过她。她也不知道。如果不是用语言，那么她又是如何组织自己的思维的呢？她也不知道。有谁知道吗？倘若问她什么时候意识到自己失聪了，或者听不见声音的人生是怎样的，抑或无法听到贝多芬或巴赫的音乐是何种心情，她都会回答说她从没真正想过这些问题。你或许也会请盲人来描述一下色彩吧。风趣也与她无关,尽管她喜欢看喜剧、笑话和滑稽剧。她是位炉火纯青的模仿者,尤其热爱哈勃·马克斯[1]的默片,因为他的搞笑并非源于有声语言,而是肢体语言。

母亲有一个忠诚的聋人朋友圈子,但他们不像现在的聋哑人可以用手指拼出牛津英语字典里的每一个单词,当时他们使用的语言并没有字母,仅仅是一种简单的面部和手势语言,能表达的词汇量甚至不超过五百个单词。她可以和朋友们谈论缝纫、烹饪或是占卜。他们可以告诉你他们爱你。他们抚摸老人和孩子时尤为友善,因为手在此时比声音更加亲密。可是,亲密是一回事,复杂思维则完全是另一回事。

学校毕业后,我母亲在亚历山大做志愿护士。她给人抽血、打针,最后留在住院部帮忙,照顾二战期间受伤的英国士兵。她还和其中一些伤兵约会,带他们乘摩托车兜风,那辆摩托车是她父亲送给她的十八岁生日礼物。她喜欢参加聚会,且有极高的快步舞天赋。如果有人想跳段吉特巴舞,或是在清晨的海滩游个泳,她就是个令人梦寐以求的同伴。

我父亲认识她时,她还没满二十岁。她的美丽热情吸引了他,她身上那股柔弱和直视你的胆魄相混杂的气息令他惊心。这弥补了她失聪的缺陷,甚至会让人忘记她是听不见的。她征服了父亲的朋友和家人,唯独没有征服他的父母。即将成为她公公的人喊她"聋子",她婆婆则说她是"钓金龟的"。可我父亲没有屈从他们,三年后,他们结合了。在结婚照里,她十分耀眼。她的希腊女校长为她的胜利鼓掌:祝贺她成功跳出了聋哑人圈子,和健全的人结婚了。

---

1 哈勃·马克斯(1888—1964),美国电影演员。

现在我坚信，倘若能得到更好的教育，她会成为另外一个人。她的聪慧，她作为一个犹太人在埃及面对种种阻碍时所表现出的毅力——离开埃及后，身在意大利和美国也一样，都可以让她成为一名成功的事业女性。她也许会是内科医生或是心理医生。但在那个不那么开明的年代，她只能是个家庭主妇。尽管她有钱，可她只是个女人，还是个失聪的女人。双重打击。

她会说也会看法语，学过希腊语和基础的阿拉伯语，等我们到了意大利，她每天去菜场买菜，也渐渐学会了意大利语。她看不懂某些话的时候，也会假装看懂，直到她真的懂了。她总能懂。1968年，移民到美国前几周，我们去那不勒斯的领事馆，在那里她第一次见识了美式英语。人们要求她举起右手，跟着念誓词。她咿咿呀呀地低声发出了点声音，美国官员们也乐得把这些就当作誓词了。那个场景太尴尬，我弟弟和我都紧张地干笑了几声。走出领事馆时母亲和我们一起笑，可父亲却不知有趣在哪里。

她的失聪是他们两个人之间的一堵无法逾越的高墙，随着他们结婚的时间越久，就越加难以估量。回想起来，那堵墙其实一直就耸立在那里。我父亲爱好古典音乐，可她从未去过一场音乐会。他爱好读长篇俄文小说，以及法国现代作家富有韵律、才华横溢的行文，而她宁愿看时尚杂志。他下班后喜欢待在家里看书，她则爱好出去跳舞、和朋友们吃饭。她从小到大都喜欢看美国电影，因为在埃及看是有法语字幕的，可他只喜欢看法国电影，没有字幕，她看不了，因为想读懂银幕上演员们的唇语是一件几乎不可能的事情。他的朋友们侃侃而谈人们可以想象出来的最罕有的东西：古希腊化埃及神塞拉皮斯，亚历山大周边的考古挖掘，库尔齐奥·马拉巴特[1]的小说……但是她喜欢讨论家长里短。

---

1 意大利作家。

婚后，他们很快就各自发现彼此完全不合适。尽管他们至死都深爱对方，却也误会并伤害对方，他们每天都争吵。她的聋人朋友们来做客时，他总是出去。在二十世纪六十年代，他离开家的时间加起来得有个好几年，直到我们要离开埃及前几周才回来。她的那些和圈外人结婚的朋友也都有着乱七八糟的婚姻。只有那些聋人之间的结合才仿佛找到了能与听觉相匹配的幸福。

母亲从未真正学过英文。除非你为了效果特意夸张，否则对她而言讲英文时的唇部动作并不够清晰明确。她也不喜欢我在公共场合特意夸张的动作，因为这会让人发现她是聋人。很多人同情她，也有些人会努力克服他们之间的障碍。有些善意的人试图模仿聋人的说话方式，用嘶哑的声音和扭曲的表情来与她交流。还有些人提高声音讲话，仿佛加大分贝就可以让她听见，而她其实能看得出这些人在大声讲话。另外还有些人，哪怕尽了全力也无法理解我母亲讲的话。当然也有人根本不愿意花一点心思，他们拒绝直视她的脸，甚至假装她不在餐桌旁。

也有人就只是嘲笑她。

小时候，一起玩的小伙伴问我，为什么我母亲说话声音这么奇怪，而我回答："因为这就是她的说话方式。"在人们当着我的面指出来之前，我根本不觉得她的声音有什么奇怪。那是母亲的声音——早晨叫我起床的声音，在沙滩上呼唤我的声音，睡觉前安抚我、给我讲故事的声音。

有时我试图说服自己，她并非真正的失聪，只是个调皮的恶作剧专家，还有什么恶作剧比假装自己听不见更容易吓人一跳呢？每个孩子不都在某个时刻假装自己是瞎子甚至死了吗？只是出于一些原因，她忘记了把恶作剧停下来。为了测试这一点，我会在她不看我的时候溜到她身后，对着她的耳朵大叫，没有回应。哪怕是抖动一下。她的自制力真是惊人。有时我会跑过去告诉她有人在按门铃，她打开门，然后意识到我玩了个低级的把戏。她总是一笑置之，这难道不好笑吗？她生命中的幸福——我，编造了一个陷阱来提醒她，就像其他人所做的那样，提醒她，她是聋的。有一天，我望着她盛装打扮后和我父亲一起出门。她戴上耳环的时候，我告诉她，她很美。"是的，我很美，但这改变不了任何事情。我仍然是个聋子——名副其实，别忘了这一点。"

作为一个孩子，我很难把她开朗的笑容、对喜剧的热爱以及和谐的人际关系和她作为人妻与聋人的悲痛联系起来。她常常对着朋友们哭泣，然后他们一起哭。但作为和聋人们一起生活的我们，却不再为他们感到惋惜。相反，我们的怜悯得寸进尺成了残忍，仿佛一颗鹅卵石在浅水里跳动，根本理解不了没有声音的生活是什么样的。我极少静静地坐着，强迫自己去感受她寂静的世界。在她不听我说话时，我更容易发脾气，毕竟她从来都听不见——因为对话语的理解本就包括了猜测与直觉，而潜台词在此时比话语本身更加重要。

对我来说，没什么事情比帮母亲打电话更煎熬的了。她常常让我弟弟或者我帮她，她站在一边，拨通电话以后，我们帮她说话，她则看着我们讲每一个字。她很感激我们，也很自豪，在这么小的年纪，我们就可以帮她打电话给水管工，给她的朋友们，给她的裁缝。她告诉我，我就是她的耳朵。"他是她的耳朵。"她婆婆说。她的意思是，感谢上帝，总算有个人帮她干那些活了，否则这个可怜的女人又该如何生存呢？

有两种方法可以逃避打电话。一种是躲起来。另一种是撒谎。我拨号码以后稍微等上一等，就告诉她电话占线。五分钟过去了，告诉她还是占线。我从未想过，她想打的这个电话可能很紧急，或者当她丈夫不能回家吃晚饭时，她无比渴望和朋友或是亲人聊聊天，来摆脱她的孤独感。有时会有男人打电话来，不过有我和弟弟这样的中间人，谈话总是很尴尬。他们没有打来第二次。

我去读研究生以后，中间人的任务就落在弟弟身上。我对他讲话，他转达内容，从电话的背景音里我能分辨出她的声音，告诉弟弟我想说些什么，他会帮我转达。有时我也会让她接电话，让她想到什么就说什么，因为我只是想念她的声音，只是想听她对我说话，含糊不清的话，不符合语法的话，甚至不是什么正常的单词，但她的这些话带我回到了童年时期，不懂什么语法单词的童年时期。

小时候，我曾幻想某一天某个人会发明出一件东西，让我母亲可以独自给另一个聋人朋友打电话。三十多年前，这个奇迹出现了，我给她买了一台电传打字机。人生第一次，她可以不依靠我或是弟弟，与她的聋人朋友们联系了。她用蹩脚的英语输入长长的消息，让他们去读。后来，七年前吧，我在她的电视机上装了个设备，让她可以和全国各地的朋友打视频电话。他们大多数都老得不能长途奔波了，所以这个设备堪称上天的恩赐。

她乐于接受一切新的体验，也爱上了每一项科技进步的产物。（我父亲就不情愿接受新事物，还抱着他的短波无线收音机。）几年前，母亲八十多岁了，我还给她买了台iPad，这样她就能与几十年不见、身在海外的朋友们打好几个小时的Skype或者FaceTime[1]。这比我童年时期的幻想还要美好得多。无论我在家、在办公室、在健身房，还是在星巴克，她都可以给我打电话。我可以和她FaceTime，而不必担心她在哪里或是

---

1 这两者都是通讯软件，可以在全世界范围内向客户提供免费的通话服务。

过得怎么样。我父亲去世后,她坚持独居,而我最大的顾虑就是她会跌倒受伤。FaceTime 也意味着我省下了经常去看望她的时间,她对此也很清楚:"我们在 iPad 上聊天了,是不是说明你今晚就不来了?"

尽管我的母亲有一些缺陷,却仍然是我所认识的最聪慧的人之一。语言只是个"假体",她已经学会了和这个移植的假体共存,可那仍然是外部的,没有它,她也可以很好地生活。她有一种更直接的交流方式。她有敏锐的洞察力,对人和环境的嗅觉十分敏锐。她的雷达总是开启的:谁值得信任,什么可以相信,怎样解读语气。在听觉中失去的,她用嗅觉弥补。她教会我识别香料,在杂货店里把她的手掌放进每一个袋子里,让我闻她的手来辨别。她教会我区分她的香水、湿羊毛的味道和煤气泄漏的味道。每当写到气味,我想到的不是普鲁斯特[1],而是我的母亲。

人们总是在第一时间被她吸引。你也许会把这归于她与人相处时散发出的热情与乐观。但事实上,我母亲却有着十分不幸的人生。可是,她能让任何一个人在第一眼就感受到她的亲切友好,无论是穷人、富人、好人、坏人、屠夫、邮差,或是在上西区超市里工作的塞内加尔员工,他不知道她的母语也是法语,还曾对她伸出援手——这也许就是她在这个世界上没有受到生存阻力的原因。就算把她丢在坎大哈或是伊斯兰堡,她也可以轻而易举地找到自己想买的牛肉,讨价还价,并取得最终的胜利,还能和市场上的人都成为朋友。

她会让你也渴望表达自己的友好。更妙的是,她会让你从自己的内心找出这份友好,避免你使错了力,或是不知道自己如何表达。这是她的语言,就像被单独囚禁的犯人会开发出自己独特的语法和字母,她会教你说

---

1 本文作者曾著有《普鲁斯特计划》一书。

这种语言。有时候，我朋友才见了她一个小时，就忘了她听不见，反而可以懂得她讲的每句话，即便他们根本就不懂法语，更别说是一个聋人说的法语了。我一度加入他们的谈话，试图帮他们做翻译。可是我朋友说："我听得懂。"而我母亲也说："我完全能理解。"意思是，别打扰我们，我们聊得很好。我才是那个不理解他们的人。

几年前一个寒冷的日子里，我去慢跑，在我母亲的公寓门口停了下来，想暖暖身子，缓口气，也看看她过得怎么样。她正在看电视。我坐在她身旁，向她解释说我不能来吃晚饭了，因为要和朋友们聚会，但是可能第二天可以顺便来吃个晚餐，喝点苏格兰威士忌。她很高兴，问我想要弄点儿什么吃的。我建议她焗意面，微微烤脆。她也觉得这是个好主意。而事实上，那天我忘了摘掉滑雪面罩，整个谈话都是在我嘴巴被遮住的情况下进行的。她从头到尾都是根据我眉毛的动作来听懂我说的话的。

母亲在新世界度过了余生。在这个新世界里，她获得了尊重与平权，拥有尊严与安定。比起旧世界，她更喜欢这个新世界。但梁园虽好，并非她的家园。在新世界里，母亲的语言是漂泊无依的（用莎士比亚的话来说），我多么怀念旧世界里母亲的语言直截了当的触感。在旧世界，你的脸庞是你与世界的纽带，而非你的话语。我得以学会这种语言，并非源于我读过的书籍，而来自我的母亲。对在新世界通行的话语，母亲并无信仰，亦无天赋，更无耐心。

哥哥，可以分我点零钱吗？
Brother, Can You Spare Some Change?

萨莉·波顿
Sari Botton

"你要不要这件上衣?"妈妈拿出一件印着动物图案的衬衫,价签还没摘。那是件我绝对不会喜欢的衣服,她大概也是知道的,但是她仍盼我能拿着,盼我能从她那里获得这件衣服。"我刚买的,"她说,"可能你穿更好看。"

"不用了,妈妈,谢谢。"我说,努力掩饰我的烦恼和焦虑——感觉我不是二十三而是十三岁,但其实我已经大学毕业一年了。

"还有一件衬衫,你可能会喜欢。"她又转身去衣柜,回来的时候手里拿着一件迈克斯塔斯牌的海军蓝法式长袖T恤,我之前问她借过不止一次,不过现在上面沾满了皮肤科医生给她开的药粉。"这更适合你。"话是没错。

"但这是你的T恤。"我拒绝道。

"我可以再买一件。"她坚持说,"我会再去一趟布鲁明戴尔百货商场。要不你跟我一起去?我去那边再给你挑一件——我想给你点什么。"

我担心如果我告诉她我不愿意相信她挑的礼物,可能会伤害她。同时我也担心礼物会有附加条件。更重要的是,我感到这仿佛是种背叛,背叛了她曾经教会我去相信和遵守的信条。内心深处,我也深恐自己倘若说出实情,她就会停止对我的付出。

五年前，在大一的暑假，我成了一个小偷。

每周我都会偷偷溜进我继兄杰里德的房间。杰里德比我大一岁，非常讨厌。我每次从他放满了五分硬币、二十五分硬币的大鱼缸里偷走几个，有时候是七十五美分，有时候是一美金。

我没把这个当成偷。这和我长久以来扮演的乖女儿形象完全不符。我对自己说，我只是在借用继兄的钱——虽然我没有征求过他的意见。另外，我也从没想过要还。

有时候，相较于贷款，我更愿意把这笔钱当作"战争赔款"。在我父母离婚这场看似平静却暗潮汹涌的战场上，我显然是个输家。我的父母二人在他们各自新的婚姻中，都是钱更少、力量更弱，更没有胆量站出来支持自己孩子的那一个。

我十二岁时，爸爸和一个寡妇结婚了。她已故的丈夫留给她和两个女儿一笔庞大的健康信托基金。她们的外婆是波士顿的上流精英，每年光明节[1]都会骄傲地送给我一张卡片，里面夹一张崭新脆亮的一美金钞票。

我十五岁时，妈妈认识了一个鳏夫。他早就告诉过她不想和带着孩子的女人结婚。妈妈用了各种各样的方法表现出了一个仿佛没有孩子的女人良好的形象。每当她给我妹妹和我买东西，都会把我们拉到一边偷偷地说："去看看你们床底下，我给你们买了东西。"这样我的继父就不知道了。

因此，到我十八岁自己负担学费的时候，我开始同情我自己。作为安慰，我就从继兄充裕的零钱罐里获得了一笔小小的经济资助来奖赏自己。无论如何，他怎么会注意到这里或那里少掉的一点点硬币呢？

---

[1] 犹太教节日。

我在攒乘32路巴士的钱,每个工作日我都要从宾夕法尼亚站坐到月书会[1],我在那里做暑期兼职,这份兼职可以让我有钱支付下学期——也就是1984年秋季的学费。我早晨六点四十七从长岛欧辛赛德站出发进城,下午五点四十三和我妈妈的丈夫一起回来。他叫伯纳德,用我外婆的话说,是个暴脾气、讨厌的人。每天早晨,我都要面对他糜烂的口气和警惕的眼神,那双小眼睛在一副厚厚的保时捷飞行员眼镜后面显得大了许多。每次和他同路,我都觉得自己难以集中注意力,更别说保持微笑了——他经常向我妈妈指责我的态度。不过显然,伯纳德也不愿意和我同车。他的沉默里有紧张的气息。我不光不愿意和他说话,还害怕和他说话。他脾气暴躁,我担心自己说的每一句话都可能让他发火。所以在坐车的时候,我往往会装睡。

这就是我们提起伯纳德时所用的词汇:"他脾气暴躁。"他把盛满意面的玻璃碗扔到他儿子头上导致他脑震荡的时候,我们是这么说的;他把酒杯扔向我妈妈,杯子打到她脸上又摔碎在地上的时候,我们是这么说的;他拽着我十三岁的妹妹的头发把她拉下楼梯,双手掐住她的脖子狠狠地晃她,让她脖子上都留下勒痕的时候,我们是这么说的;我们躲在妈妈朋友家里避难的时候,我们是这么说的;妈妈回去请求伯纳德原谅我们离家出走的时候,我们是这么说的;当有人——通常是妈妈的朋友,打匿名电话给儿童保护中心,社工来我们家调查的时候,我们还是这么说的。

他脾气暴躁。

一天晚上,我正坐在床上做高中作业,他把我的陶瓷猪储蓄罐扔向我时,我们也是这么说的。那天他冲进我房间,手里挥舞着一本用铅笔记着数字的账本,怒气冲冲地责备我不肯打电话给我生父要抚养费。好在我及

---

[1] 一个推销书籍的行会。

时躲开了，但是储蓄罐砸到了墙上，摔得粉碎。

...

整个夏天，我都在做贼。随着时间的推移，我变得越发无所顾忌，越发不在意所谓的公正与正义。我心安理得，把偷钱变成了例行公事。

然而，八月底，我的行为意外地被发现了。事实上，我的继兄把零钱罐里的每一笔钱都记得清清楚楚。在我们即将各自开始大二生活前的周六夜晚，他下楼吃晚饭，脸色发青，满嘴白沫。他的手指向了……我妹妹。

"是她拿的。"他大喊，"我知道是她！"

"不，我没有！"她尖叫回答。

"那么是谁干的，嗯？"

我目瞪口呆地坐着，一言不发。我妹妹和继兄一直吵到深夜，还哭着求妈妈相信她。

我还没来得及自首，只是在考虑说是其他人拿了钱的可行性。我是否可以一口咬定是个什么幻影干的，好让这件事赶紧过去呢？会不会是某个来家里做客的人？但很快我就听见继兄坚称是我妹妹偷的，要么就是家里的其他人，因为他已经密切关注零钱罐整整两个月了。

没有哪段时间比让我妹妹受此冤枉的十二个小时更难熬了。我应该坦白，可不知如何坦白。坦白认罪可不是我字典里的词汇。妹妹每次犯了错，又踢又叫一番之后，用不了多久也就承认自己的错误了。但是"认罪"这个词对我来说却不仅新奇，而且可怖。我擅长扮演天使的角色。我惧怕自己完美的形象受到玷污。要是连这个光环都没有了，我还是谁呢？

整晚我都坐在床上一遍遍地在彩纸上写坦白书，那一沓彩纸是我收到的成人礼物。凌晨五点,我把信放在信封里,在每个人早餐的固定位置都摆了一封。在我继兄的信封里,我还附了一张支票。

接着我就躲在自己房间里,听见楼下传来的谈话声,知道他们显然已经打开了信封的时候,我退缩了。我听见妹妹倒吸一口凉气的声音。"看见了吧?你大概也偷了一些吧。"我听见继兄嚷嚷。

过了一会儿,妈妈上楼。"是你?"她问。她也不知道还能说些什么。

妈妈新的婚姻是她的转折点。她的第三任丈夫斯坦利,是一个在任何方面都和伯纳德完全不同的男人。斯坦利热情、善良、欢快——还是个业余魔术师,他自称"伟大的巴尔迪尼"。同时,他也体贴细致、慷慨大方。

虽然斯坦利并非十分有钱,但也比我妈妈的前两任丈夫(包括我亲生父亲)要富裕得多,这意味着他可以与我们分享的东西也更多。在我的人生中,虽然我总是在和有钱人打交道——亲戚啦,家族的朋友啦,拥有信托基金的继父的亲戚们啦,但他们几乎都把钱握在自己手里。斯坦利却不同,因此也是个难能可贵的善人。从认识我们的第一周起,他就把我和妹妹当作自己的孩子,带我们去好吃的餐厅,我们的生日和光明节都有礼物大奉送。后来,他还在我破产的时候助我一臂之力。

在这段新的婚姻中,妈妈也宛若新生。我曾经认识的那个女人是个二十世纪七十年代中期的单身母亲,在生活的重压下苦苦挣扎,靠小学老师的薪水勉强维持生计——就像一个朋友开玩笑说的那样,她是个社会主义"激进分子"。这个朋友是纽约州立大学一所当地分校的校长,开一辆道奇老爷车,但现在我已经认不出这个女人了。

而现在,妈妈每周都会去做指甲、修脚,每个礼拜都请保洁打扫,以前只能偶尔为之。她的步入式衣帽间更是焕然一新——里面挂着闪亮的晚礼服，她经常会穿着它们，挽着斯坦利的胳膊，去参加鸡尾酒会。在特殊的日子里她会收到金首饰作为礼物，还常常去热带度假。

同时，作为这个变化的一部分，妈妈也对女儿们更加大方了。她和伯纳德在一起的时候，很难送给我们东西，很大程度上是因为她担心引爆伯纳德的脾气。这是她的战略抉择，是安抚家里火气最大的人的一种方式。

结婚照片里的伯纳德变成斯坦利的那一刻，妈妈也重生了。如今每当我去看望她时，都像是有个赠予仪式，她会给我许多东西。每周末结束拜访要走的时候，我总是带着各式各样的衣服、鞋子、小饰品、食物，以及倩碧的小样，那是她在布鲁明戴尔买口红的时候送的。

她总是提出要带我去那儿购物，我总是反对。实际上在我十三岁，也就是我父母离婚之后，这一直都是我的奢望。我常常恳求妈妈带我们去布鲁明戴尔，就像其他孩子恳求父母带他们去迪士尼一样。购物（或者更准确地说，橱窗购物）能帮助我忘记那种感觉，那种仿佛我们是离婚的遗弃品一样的感觉，事实上我们的确就是。父母离异后，我开始相当关注自己的外表，以一种清醒而痛苦的态度。我决心不能让自己像其他离异家庭的孩子一样，看起来像衣衫褴褛的流浪儿——他们总是穿着破洞的鞋子和衣服，头发乱蓬蓬、脏兮兮的。不知为何，布鲁明戴尔就有这种能力，身处其中，能暂时缓解我对此事的焦虑。

在商场的走廊里，我从妈妈非物质主义的姿态里，看出了"想要"的痕迹。我们有个仪式：首先，我们母女三人在商场里一家名为水中仙的餐厅里分食两份汤和一份沙拉。等我们都吃饱喝足，就冲向倩碧柜台。接着我们去童装柜台，最后则去女装柜台，我俩给妈妈建议，说她并没有打算买的那件衣服最适合她。

我们在那里从没买过衣服——只是试穿。但每次逛街结束前，我们都会去地下的美食市集，妈妈会拿一小罐缇树小红果酱，透过玻璃罐子可以看见里面满满当当的都是漂亮的小草莓，然后她会请我和妹妹每人吃一块小小的歌帝梵巧克力。

我二十三岁时，开始对她炫耀性的消费和付出感到十分不适。这个自大的女人是谁，她对我那个无产的、并不物质的妈妈做了什么？1976 年夏天那个妈妈和我爸爸离婚，但即便离开了他，仍要面对比已经习惯的经济困难更大的压力，那个女人又去了哪里？

1981 年年初，伯纳德和他的两个儿子闯进我们的生活，我们在布鲁明戴尔的仪式和许许多多其他美好的享受都随之烟消云散。那年我十五岁。随之而来的是凄风苦雨的六年，在这六年里令人难以忘怀的，是我们的隐忍压抑，以及伯纳德随时随地的爆发。

在伯纳德的又一次爆发后——那次他把妹妹的三合一音响冲着她砸过去，后来还拽着她的头发往楼下拖，妈妈终于签了离婚协议。他搬走的时候，我们都感到了解脱。而当时我还不知道，仅仅几个月后，妈妈会开始和斯坦利约会，等待我们的将会是更大的解脱。

...

妈妈和斯坦利婚后不久，我就不再反抗，而是接受妈妈给予我的一切，当然还是有些保留。多数时候我会提出一点反对，接着就默许了，接受她的付出——为她好，也为我好。我已经懂得，现在她渴望能对我付出，如同我当年渴望她的付出。

她给我的并非一件件物品，而是她的付出，那是她长久以来所无法给予我们的，她因此而悔恨不已。我接受她的付出，也给予了她付出的满足感。

2018年5月，八十九岁的斯坦利突然病重。几周后，距离他们结婚三十周年纪念日还有一个月，他去世了。妈妈的整个世界和坚实的经济支柱开始崩塌。

葬礼后一个星期，我去帮她整理在博卡拉顿的公寓的行李。她想要一点倩碧的敏感肌粉底，问我能不能开车带她去趟布鲁明戴尔买一些。

我已经很多年不怎么在百货商店购物了，再次来到这里的感觉非常奇特。商店和以前几乎一模一样——柔和的灯光，别致的装潢，诱人的商品。我内心的一部分从这富足的气氛中体会到一丝兴奋。我相信妈妈也是这样。自从斯坦利生病后，我已经很久没有看到她如此轻快有力的步伐了。

· · ·

"你有什么需要的吗？"妈妈问。

"没什么缺的。"我说。

她在去倩碧柜台的路上停下来试了试鞋子。当把脚伸进一双菲特弗洛普人字拖的时候，她向我承认斯坦利进了重症监护室以后，她曾去购物缓解焦虑，买了两件上衣。后来她又说漏了嘴，承认在布鲁明戴尔的信用卡账上还有六百多美金的债务。

"答应我，遗嘱宣读以后，就立刻还上。"我说。她答应了。

这些日子里，我们的角色转变了。我五十三岁，她七十八岁，轮到我来照看她。还好她有社保、养老金和其他的一些资金，足以承担她现在的开销。我在晚餐的时候拿上支票。我给她送小礼物——本地演出的门票，掺了有机蔓越莓浓缩汁的塞尔脱兹矿泉水，她可以用来收存化妆品和首饰的小袋子，用来帮助她度过悲伤时期的写着积极格言的成人彩页书籍，巧克力马卡龙，等等。能够用哪怕是最简单的方式来回报她的付出，这种感觉很好。

我不知道在人生的下一个阶段，妈妈会变成什么样子。我忍不住担心她会无法抵御另一个像伯纳德那样的男人的魅力。然而，无论那会是谁，我只希望妈妈可以重新找回我孩童时期，她以身作则教给我的独立和非物质主义的原则。那可能只是当时的她自身价值的掩体，但它们对于如今的我却意义非凡。

她的身体｜我的身体

Her Body ｜ My Body

娜奥米·穆纳维拉

Nayomi Munaweera

我坐在马桶上等母亲。我得等她，因为我不会好好地清理自己。一如既往，她让我等待许久。她来了，一边做出恶心的表情，一边给我擦拭。她的意思是，她并不想做这件事，但不得不勉为其难，因为我太笨了，自己做不好。关于这件事，家里爆发过多次激烈的争吵。我父亲与祖母和她争辩，说她应该让我自己清理，否则就是不正常的。而母亲无视他们；她是我母亲，而我的身体属于她。

我并未和她争吵。我信任她，也知晓自己无力做好任何事情。然而，这次是不同的——有血。我的初潮来了。从那以后，母亲开始让我自己做清洁。从那以后，她允许我独自一人在没有她监督的情况下洗澡。那年我十二岁。

这就是问题所在：在她眼中，她的身体和我的身体没有区别。我彻头彻尾地属于她。我既是她最好的、心爱的宝贝，又是个无用的废物。有时她给我烤蛋糕，给我做裙子，有时又大喊，说我一文不值。我总是在这两种对自己的认知中摇摆不定，不知何去何从，无止境地寻求证据，试图证明我是谁。

我很小的时候，这还不算个问题。那时候，她可以自然而然地控制我生活的方方面面，这满足了她的需要，她需要我的服从。后来，一切渐渐明朗，我终将形成一个独立于她的人格，我终究不是她，我终究还是继承了父亲的性格，那个她憎恨却不会离开的男人。因此问题变得复杂起来。我记得曾经听到过其他大人议论她的脾气，但他们也害怕卷入我们家庭内部的旋涡，所以从未干预。

父母常说，在我小时候，他们可以把我单独留在房间里好几个钟头。我会安安静静地坐着，甚至一动不动。他们似乎认为这说明我是个乖孩子，听话的乖孩子。他们没有意识到这是不正常的行为，这掩盖了深层次的心理问题。

直到几十年以后，待三十多岁的我已经住到了旧金山，我才遇到了那个让我敞开心扉的心理医生，也终于有机会吐露我母亲直到我年纪很大了才不再把我当成一个小婴儿的实情。在此之前我从未对任何人提起过这件事。我以为如果我告诉别人这个羞耻的秘密，他们就会意识到我是肮脏的，也就不再值得被爱。我呜呜咽咽地哭着，终于可以说出这一切了。他的回答仿佛有魔力："这不是你的错。你没有做错任何事。那时你还只是个孩子。"

我离开他的办公室，信步走进一家书店，在二楼俯瞰联邦广场。我打了个电话给母亲，问她为什么不允许我掌控自己的身体。她说她不记得了，而且当时她还太年轻。大多数时候，她都以为自己是为我好，是在努力做一个好母亲。她对此很难过，但也无话可说。我们此后再也没有谈过这个话题。

婚礼

我父母于1972年在斯里兰卡成婚。母亲十九岁，是她父亲的遗孀最小的孩子。她很小的时候，父亲就死于中风。不久后，她最年长也是她最喜欢的哥哥死于车祸。她永远也忘不了早上去学校还和哥哥说再见，晚上就看见他支离破碎的身躯被送回家中。某种程度上，她的心也破碎了，由此她懂得了，不要向这个世界祈求安全感。

我父亲二十九岁，刚从顶尖的佩拉德尼亚大学毕业，是那年全岛毕业的四十八名工程师之一。他聪明，害羞。他的母亲控制欲极强，一手将他带大，将他推向成功。某种程度上，他的心也是破碎的，由此他懂得了，不要向这个世界祈求欢愉。

他们各自难以对付的母亲从小在一个村子里长大。她们都是"自己人"，因此两边家庭都欣然同意联姻。这对男女相互认识，婚前可能单独去看过几次电影，至于其他的事情，想都不要想。

我望着他们的结婚照：她，身着银色沙丽，美丽动人；他，身着黑色西装，英俊潇洒。两个人都面带微笑，而我却因敬畏与悲哀而战栗。

移民梦

正好一年后，我降生。比起当时的斯里兰卡所能给予的，母亲想要给我们更多。因此，1976 年，我三岁，她说服了我父亲移民到尼日利亚。1984 年，尼日利亚发生军事政变，又是母亲催促我们迁往美国。那年我十二岁，妹妹娜玛尔三岁。

我们是第一批斯里兰卡裔美国人，住在洛杉矶郊区一个很小的岛民社区。如果你看见当时的我们，会发现那是个完美的移民家庭，一户白手起家的人。

我的父亲：他在尼日利亚有一份受人尊敬的工作。到了美国，他的第一份工作要在防洪渠里拉平板小车，让未处理过的污水一直没到腹部。后来他在洛杉矶一路攀升,成为一名杰出的工程师。对于一个从斯里兰卡小村庄来的男孩而言,这简直是条不可思议的人生轨迹。

我的母亲:她是个从没上过大学的女孩。在尼日利亚,她是自己母校的校长。在加州,她从幼教做起。她每天早上六点开校门,晚上六点关门,然后再回家做饭、打扫卫生。二十多年后,她攒够了买一家幼儿园的钱,接着又买了第二个。她转型成了一名商业女性,成了住房自有者。

我们知道,在美国,自己必须表现得非常、非常好才行。美国人常常用怀疑的眼光打量我们。有时他们会说我们的英语讲得很好,自以为是恭维。他们仿佛并不知道,出于某段残酷的历史,我们生来就是说这种语言的。因此我们也只是微笑着说谢谢。还有的时候,他们会很愤怒,大声地让我们滚回去。于是我们知道,只有完美的表现才能让他们相信,我们,也是人。

我们顽强不屈,勤俭节约,勤劳肯干。我们外表总是很光鲜。我母亲穿沙丽,父亲则穿西装,系和母亲的沙丽相配的领带,领着两个漂亮可爱的女儿。斯里兰卡人在洛杉矶,科伦坡遇上好莱坞,在这个陌生的国度,能够在移民们的派对上闪耀发光,已经是我们所有的社交生活。在这个两百户人家的小社会里面能够耀眼瞩目,其实是很重要的一件事。倘若我们不这么做,将面临成为局外人的风险;倘若失去了自己人的慰藉,谁又能在美国的荒野中生存下去?

家门以内

母亲是女王,我们都是她忠实的臣民。任何自我身份的认定都意味着抛弃,都是我们不爱她的迹象。而一旦她认为我们不爱她,那么女王消失,魔女降临。

每当我们觉察到她的情绪滑向黑暗面时,我们就会彼此私语:"山雨欲来。"我们用这个来描述那些无法名状且阴森黑暗的事情。母亲会大喊大叫,砸碗摔盘,直到家里再没有一个完整的盘子。她大声说一些残忍的词汇,它们在我脑海中盘旋不去,几十年后才终于消失不见。她多次摔坏结婚照相框,后来我们也懒得再修复。她把自己锁在浴室里,号啕大哭,无止无休。有时她会沉默好几天。她可能本来在大哭,几分钟后就无法自控地大笑。当她的狂风暴雨过去之后,如果我们还纠缠不休,她就会问我们怎么了。假使我们没有回应她的欢悦,暴怒便会卷土重来。于是,我们学会了忘却自己的感受,渐渐地,我们再也感知不到自己。

在我十四岁的一天,母亲发狂了好几个小时。我和父亲、妹妹在看电视,要么是在看《盖里甘的岛》,要么是《三个臭皮匠》,反正是我们当时最爱的电视剧,也是最简单的麻醉剂。我猛地感到太安静了,安静得有点可疑,于是去查看一下。她在浴室,手腕上有一道极深的伤口,台盆和墙上血迹斑斑。她一脸茫然,喃喃自语,语无伦次。我擦掉她手腕上的血,用柜子里的绷带把伤口缠紧。我问她为什么,她没有回答,于是我带她去床上睡觉。我从没和父亲说起过这件事,而我八岁的妹妹还太小,她已经看了太多这个年龄不该看的事。

大约一年后的一天,母亲在厨房里。她发现我父亲又偷偷地给在斯里兰卡的姐姐和妈妈寄钱。她冲他吼了好几个小时,妹妹和我则躲在房间里,假装无事发生。直到我们听见她撕心裂肺的哭声,才赶紧冲进厨房,只看见地板上到处是粉色的痕迹。父亲把生锈的糖罐狠狠地砸到了她的头上。

她的皮肤裂了，血流不止。他们一起去医院，声称是她的头撞到了柜子上。而我把哭泣不止的妹妹送回卧室，开始清理血渍。银光闪闪的糖混合着血液，在地上形成了粉色的旋涡。我想着，这是母亲的血，不禁感到一阵眩晕。等父母回到家，厨房已经打扫干净了。

假如遇到了特别糟糕的情况，无论多晚，我都会带妹妹离开家。我们在郊区空荡无人的街道上游荡。我们往往走得很急，经常光着脚，脚下的水泥地冰冷。其他孩子都已经睡了，我们却在公园里沐浴着月光荡秋千，陶醉地呼吸着外面自由的气息。我们还会溜进别人的花园里，偷摘玫瑰花、绣球花、百合花。游荡几个钟头以后，我们再回到家门口，把耳朵贴在门上听。如果里面还有叫喊声，我们就继续游荡。只有确认他们都睡着了，我们才能回去。我们把房子里所有的花瓶都插上偷来的花朵。香味弥漫在房子里，抚慰着我们的梦。第二天早上，父亲会训斥我们，说我们不该偷窃别人的财物。他总是那么关心其他人，关心别人对我们的看法，关心我们偷了他们什么。他好像从不关心我们所缺少的东西。

糟糕的包办婚姻

在家门以外，我们看似完美。在家门以内，我们时而平静无波，时而欢乐愉悦，或许更少的时候，我们时而恐惧惊惶。问题是，我们从来无法预知现在的这个是什么样的母亲，现在的这对又是什么样的父母：是那对熟悉的，让我们好好学习，毫无疑问地深爱着我们的父母；还是那对激烈地相互攻击并将我们也卷入旋涡的父母。我们察言观色的能力已经炉火纯青,在黑暗降临前一秒,我们总能保持警惕。

很早以前,我就知道,问题的根源是糟糕的包办婚姻。母亲曾告诉我,嫁给一个比自己大十多岁的男人简直太可怕了。她告诉我,父亲对她是多么恶劣,是多么不爱她,而她又有多么憎恨他。有时她的倾诉令我迷茫,因为我知道,自己长得很像父亲,自己继承了他的许多性格,且他也对我很好。可她恨他,而我的一半来自他,所以我也深知,一部分的我也是令她厌恶的,值得憎恨的。我更深知,维护我父母关系的和平,让他们彼此安全,是我的责任。

离婚是无法想象的。我们心照不宣地认为:我父母本不该结婚,但既然现在他们已经结婚了,且有了孩子,那我们谁也无法逃离。

我们移民到美国后,我才发现,离婚是件正常的事情,甚至有些我们认识的斯里兰卡人也离婚了,且开始了新生活。离婚的确会带来一些不好的名声,但再也不像在南亚与非洲的时候一样是不可能的了。十三岁的我告诉父母,他们应当离婚。可他们没有,这令我大吃一惊。我花了整整几十年才理解,所谓的糟糕的包办婚姻只是一层面纱,遮掩的是更深层的东西,令人看不清楚。

伤疤

多年以来,母亲去心理治疗,只是因为我的乞求,或是威胁她再也不和她联络。可每当到了第四个月的疗程,即将开始最艰难的自省静思环节时,她就放弃。

她对心理治疗的不信任也有文化因素。在传统的南亚家庭，心理疾病是可耻的，甚至像有传染性一般。当我母亲还是个少女时，与她同辈最漂亮的表妹开始出现精神病的症状。她的父母带她出国治疗，但似乎没有效果。于是他们回到了斯里兰卡，把她锁在家里。人们知道她就在房子里——他们甚至能听见她在楼上喊叫，但谁都不允许去看她。她被囚禁了整整三十年。在南亚的某些地区，阁楼上的疯女人并不仅仅是哥特式的恐怖传说，对于有心理问题的女性，这更是一个清晰可见的可能性。在她歇斯底里的盛怒之后，在她爱的人都离她远远的之后，在她打碎家里的财物之后，母亲常会哭着给我打电话。她一遍遍地对我说："我不是疯子。"她的意思是：别把我锁起来，不要把钥匙丢掉。

母亲不相信心理治疗，转而寻求宗教信仰的救赎。小时候，她经常带我们去寺庙，让印度教的牧师把一百个柠檬一个个地举到我们额头上，用刀切开。他们说，果汁会喷进敌人邪恶的眼中，防止未知的敌人给我们带来不幸。时至今日，母亲仍然会发邮件，问要不要把圣徒开过光的护身符寄给我们。她说她看了占星书，说我必须穿粉色的衣服，而我妹妹则要穿金色的，如此我们才能不受邪气的影响，以保平安。她总是相信，我们只要坚守这些不断变化的规则，我们就会是个幸福的家庭。

十七岁的时候，父母带我们去他们的古鲁[1]赛巴巴大师在印度乡村的隐居之所。他是在全世界拥有数百万信徒的圣者。我们住在一个棚屋里，房子很大，布局拥挤。我们睡在地板的垫子上，在大食堂吃饭。我们凌晨三点半就要起床，母亲、我和妹妹坐在女人的这边。在黎明前的黑暗中，成百上千的女人围坐在一起，等待大师的出现。他出现时，女人们齐声唱

---

[1] 古鲁是印度教、锡克教中对宗师或领袖的称呼。

歌。他走过我们身边，母亲呈给他一封信，上面详细地描述了她所有的不幸。他将信拿走时，她虔诚地哭了起来。

我丝毫不把这个大师当回事。我讨厌这个地方，我讨厌这里的规矩，讨厌这里的食物，讨厌男女的防线。我在美国有一个男朋友，不过和我们一起住在小屋里的还有一些别的帅气的男孩子，包括两个来自南非的兄弟。我父母在炎热的午时打盹，我就去他们的角落里，坐在地上切芒果。其中一个男孩把刀抛向空中，我本能地用手去接，不料刀刃深深地扎进我右手中间两个手指的肉里，几乎扎到了骨头，血呼啦一下冒了出来。

我满脑子的念头都是母亲将会有多么气恼。我请求男孩和他们的父母不要告诉她这件事。我抓过一卷卫生纸，又抓了一卷，两卷都被血浸湿了，我黄色宽松上衣的前襟也溅满了血。人们围在我身边，老妇人窃窃私语，说我是因为和男孩说话而受到了天谴。还是有人告诉了我母亲，她冷着一张脸，生气地走过来，没有对我说一个字又转身离开了。有人把我的手包扎起来，父亲带我去了医院。到了医院拥挤混乱的门口，我们才发现他不能陪我进去，因为这栋楼是性别隔离的，所以我独自走进了医院大厅。因为语言不通，我最后才找到一个医生给我缝针。她是个外科医生，只有粗黑的缝合线，所以她给我缝合以后，我的两个手指就像被一排巨大的蜘蛛粘在了一起。

从医院回去后，母亲看都不看我。我违抗了女王，因此我不复存在。她沉默的怒火持续了多日。二十八年后的今天，我的手上仍然留有那道伤疤。它时刻提醒着我当时的感受，在我寻求安慰时，获得的只有怒火。它提醒我，无论多么痛苦，我永远都不会向她寻求安慰，因为尽管她也是个受伤的孩子，却永远都无法给予我慰藉。

幸存

为了从我的童年幸存，我找到了一个方法：我自己消失了。自孩提时起，我就一头扎进了书籍中。身边的一切，包括我自己的身体，都消失不见。这是我清醒的有意识的行为。我很幸运，在尚未自知的情况下，寻求的慰藉是书籍而非毒品。我至今尚未从早期这种解离的状态中完全恢复过来。我最深刻的人生是在书中度过的，无论是读书，还是后来写书。这么说来，也许母亲的情况堪称我生命中最初的塑造力。

青春期的我发现，我们在洛杉矶住的斯里兰卡移民社区从外表来看，简直是模范少数族裔群体。但是在修剪整齐的草坪后面，在豪华轿车后面，在众多学位后面，隐藏着各式各样的腐朽。我认识的女孩们窃窃私语，说她们的父亲碰过她们，可所有人都要求她们闭口不谈。我认识的女孩们被自己的母亲嫁给了比她们大二十五岁的男人，无人干涉此事。只要你能实现美国梦，家门内发生的一切都无关痛痒。

在这样的气氛中，我学会了说谎。我学得那么快，甚至令我自己都感到吃惊。我十二岁的时候，她还帮我擦屁股，五年后，我就偷溜出家门和初恋男友做爱了。以美国的标准，我的行为司空见惯，但按斯里兰卡的准则来看，我已是完全失控。母亲们让自己的女儿不要同我讲话。一个叔叔打电话给我父母，说看见我和一个男孩在一起。父母试图让我重回他们的掌控之中，可为时已晚。不久，我就离开家里，去上大学。

之后的那几年，我经常更换恋爱对象，都是在情感上比我还不健康的人。我技巧纯熟地扮演救世主的角色。不过，即使我已经从家搬到了湾区，可还是会经常去看望父母。母亲去斯里兰卡度假的时候，我还会去洛杉矶帮她打理几个月的生意。我住在她的房子里，穿着她的衣服，本质上，我变成了她。回到湾区，我几乎天天都和她通话。她向我倾诉她的烦恼，常常呜咽起来。我的语气会变得十分温柔，其他任何人都没有见识过我如此温柔的腔调。我会轻声细语地和她通话。给她打电话之前，我全身都感到不舒服，可我忽略了那些感受。假如我不能安抚好她，将会发生更可怕的事情。我坚信自己如果能找到适合她的工具，比如冥想，书本，或是她喜欢的心理医生，她就能快乐起来，我就能拯救她。一切都取决于我。我从童年的围城越狱而出，却时时将牢笼背在身上。

拯救自己

我认识了一个男人，他将在 2007 年成为我的丈夫。惠特，他是第一个这么告诉我的人：我的童年是失调的；我总是在和母亲通话后放声大哭；我每每从父母家回来都精神崩溃、浑身疼痛；每次他和我计划旅行，我都会因为父母间出现暴力冲突或是他们有人威胁要自杀而取消。而我，却几乎并不认为这些事异乎寻常。是的，我的家庭混乱不堪，可我又能做什么呢？对于他的担忧，我回答说："你不懂。你是白人。这就是南亚家庭的状态。"

我爱这个男人，但我不懂他。他想要的爱情是深沉而宁静的。可假使你都不会生气，那岂不是不爱这个人的标志？我们关系的前半段时期，我一直在等待他对我怒吼。四年后我才明白，他永远都不会对我那么做。这一认识使我震惊。又花了许多年，我才渐渐地在这种安全感中学会放松下来。

在我们关系的前几年，我就像爱的竞技场上的一个野孩子。我哭泣，我尖叫，我疯狂地嫉妒。假使他和朋友们在一起，别说是和女性了，我全身都会慌乱而疼痛，感觉自己快要死去。有一天，我们共度了一个早晨，接着他说要和朋友们一起看足球赛，回来再和我共进晚餐。他离开后，我坐在车里，尖叫痛苦了三个钟头，歇斯底里。但等他回到我身边，我又完好得仿佛什么事情都没有发生。我惧怕那天的自己。我知道一定有哪里不对劲。我深知如果我再不做些什么，我们就会分手。更糟糕的是，我也许会把这种行为带进我未来的每一段亲密关系中。我的一生都会受到无法控制的悲伤与愤怒的支配。我将彻底浪费自己这珍贵而疯狂的人生。

思想重铸

此后的五年，是一场持续到现在的治愈之旅。它撕裂了我童年时期造就的并维持了三十多年的大脑神经网络，然后重铸它，一点一滴，用新的脉络来代替它。如同所有的解体一样，这段过程撕心裂肺。

多年来，是这三样东西帮助我拯救了自己：内观禅修，让我得以掌控属于自己的身体；依赖崇拜，让我懂得一度帮助我从童年幸存的行为不再有效；以及一位经验丰富的心理医生，他宛如我的再生父母，让我重新长大成人。

还有一样拯救我的，是我长期的恋爱关系。我任性了多年，等我平静下来，惠特仍在这里。在他身边，我可以拥有童年时期所无法拥有的所有情绪，因为这是我一生中第一次确信，我是安全的。我的内心深处早就明白，我可以信任他，尽管又过了很多年我才清醒而有意识地信任他。他带着深植于血液中的理解与同情来到我们的关系中，而我在爱情的功课里，再也无法奢求一个比他更好的伴侣。

另一种解释

我的心理医生和我一起研究了许多年，才提出："你母亲可能是边缘型人格。"由此，一扇新的大门打开了。她的"情绪"会不会不仅源于婚姻问题，还源于一种可诊断的人格障碍，源于一些可以被定义及论述的心理问题呢？我知道我无法诊断我母亲。我知道即便全力配合心理医生，要得出诊断结论也是极其复杂的过程。但我可以断言，当我读到相关内容的时候，开天辟地第一次，童年散落的片段归位了。开天辟地第一次，我对自己充满了希望，也对母亲充满了怜悯。

边缘型人格障碍诊疗网列出了以下基本症状（通常源于儿童时期遭遇抛弃、虐待或死亡）：忽视、过度控制、愤怒、批判、指责、空虚、双亲疏远。

边缘型人格障碍

边缘性人格障碍的知识对我如同一场启示。对我意义非凡的一本书《理解边缘型母亲：帮助她的孩子跨越紧张、难测、无常的关系》，作者是克里斯蒂娜·安·劳森。我在每一页都能看到自己家庭的影子。这本书以不可思议的精确度描述了我母亲匪夷所思的行为。它描述了我们一家是如何处理家庭内部发生的事情，如何一道寻找借口，如何一起掩耳盗铃。它描述了我父亲如何使上述情况一一实现。它描述了我们姐妹如何分别扮演乖孩子和坏孩子的角色，而这两个标签都带来了危险的后果。

这本书让我对自己的生活有了最为深刻的理解，远胜于以往读过的任何一本书。它让我第一次清楚地感觉到，我的童年经历并非自己想象中的片段。这本书我买了两本，在两本上都将这段话划了出来："边缘型人格母亲的孩子们都在兔子洞里。他们听见红桃皇后下令斩首所有人。他们参加了疯狂的茶会，向公爵夫人争取自由思考的权利。他们时而感觉强大，时而感觉渺小，不胜其烦。"[1]

最重要的是，我了解到，作为边缘型人格母亲"一无是处"的长女，我自己也有罹患此类精神疾病的危险。幸好，我通过模仿其他成年人榜样和浸入文学世界，才得以逃离，只表现出了轻度且可逆的症状。

随着我进一步阅读这本书，我开始苦恼到底要不要告诉母亲。这感觉就像知道某人是糖尿病患者，却隐瞒不说。不告诉她仿佛不公平，但告诉她又很可怕。后来有一天我和她通话，这些话自动从我嘴里溜了出来。我说我了解了这种人格障碍，这当然不是她的错，可我认为她应该患有这种疾病。她没有生气，她接受了。我问她是否愿意让我念一下症状标准，她同意了。我读了三十项症状，她一遍遍地回答："不，我没有。"我则会

---

1 作者注：《理解边缘型母亲：帮助她的孩子跨越紧张、难测、无常的关系》，克里斯蒂娜·安·劳森著。摘自纽约罗文利特菲尔德出版社 2004 年版 278 页。

提醒她,某一次她就表现出了这种症状。最后我们发现,她几乎符合每一项。

我又问她是否可以给她寄一些资料,她说可以,所以我给她寄了一整箱与疾病相关的书籍。她说收到了,于是我尝试和她谈谈,问她有没有看过,她无视了我的问题。我没有再问,她也再没有提起那些书,十年里从没提过。有一次我去看望父母——就是最近,机会难得,我看见那些书摆在客厅的书架上,排在我小时候的书、大学的课本旁边,束之高阁而已。她应该是不想扔掉这些书,因为是我给她的。然而她却始终无法面对这个事实,即众多在她看来不可理喻的行为,也许都有一个定义。

我想,现在我更了解母亲了。我知道,在她伤害别人的同时,也在加倍地伤害自己。我在 YouTube 上看过边缘型人格康复的视频,他们讲述了被自己的大脑无情攻击的体验。边缘型人格往往有难以忍受的自我厌弃和绝望感。我明白过来,在我们成长过程中,母亲把自己锁在浴室里好几个小时,其实是在拼命地控制自己剧烈的精神痛楚。

我看过一个康复中的边缘型人格患者说:"我变得很残忍,伤害我所爱的人。我向他们吐毒液,看他们如何为我的言语所伤。我也因此受伤,却无力自拔,仿佛我就是为了通过伤害他们来伤害我自己。"[1] 我的母亲似乎同样无力自拔,我的母亲似乎也在通过伤害爱人来伤害自己。她惧怕身边的人会离她而去,却又不停地做着把他们赶走的行为。保护自己免受攻击的唯一途径就是离开她。正如《理解边缘型母亲》中所说的:"边缘型母亲已成年的孩子能拥有的最强大的自我保护能力,就是离开的能力。"[2]

边缘型人格障碍是无法治愈的,没有特效药。不过,经验丰富的心理

---

[1] 作者注:"康复中的母亲",YouTube 视频《我一直感觉像个孩子》。
[2] 作者注:《理解边缘型母亲:帮助她的孩子跨越紧张、难测、无常的关系》,克里斯蒂娜·安·劳森著,摘自纽约罗文利特菲尔德出版社 2004 年版 278 页。

医生的长期治疗可以帮助控制症状，以期获得更好的生活质量，尤其在人际关系领域。然而，我母亲却从未寻求长期的治疗。

回忆

有一次我去父母家，发现微波炉上贴着一张长长的清单。我父亲在单子上列出了上个月母亲每一次在公开场合羞辱他、自残、辱骂他的家人、对外人大吼大叫的事情。所有事件都标注了日期。他试图以这种直观的方式控制她的病情，让她回忆自己深深地伤害他的时刻，以此希冀她可以对他好一点。

然而，无论是我、我妹妹，还是我父亲记忆中刻骨铭心的那些事件，在母亲的回忆中却销声匿迹。在读到以下这段文字之前，我一直都不理解这一差异："研究表明，长期而强烈的情绪会损伤大脑中负责记忆的部分……由于边缘型母亲记不住强烈情感的事件，也就无法从经验中学习。她可能会重复破坏性的行为，而不记得从前类似事件所导致的后果。[1]"

这是我们的故事中最悲哀的部分。母亲记忆中的生活和我们实际的生活是不同的。虽然不是每一次都如此，但她往往记不起为什么一个她所爱的人会受到伤害，为什么要从感情和生活上都离她而去。因此，我们之间的鸿沟也无法弥合。

---

1 作者注：《理解边缘型母亲：帮助她的孩子跨越紧张、难测、无常的关系》，克里斯蒂娜·安·劳森著，摘自纽约罗文利特菲尔德出版社 2004 版 278 页。

我自己的记忆也是支离破碎的。在我妹妹娜玛尔结婚前夜,我们坐在她最好的朋友家的厨房里聊起童年。我说:"记得这个吗?"妹妹就回答:"噢,好吧,我忘了。"接着她会问我:"你还记得那件事是什么时候发生的吗?"而此时一段记忆就会像火苗一样跳进我的脑海中。她朋友静静地坐了很久,终于开口说:"你们仿佛在讨论一些无关紧要的事情。实际上这简直太疯狂了。"我们望着她,目瞪口呆。我们两个都没有把这个当作失调障碍。实在是发生了太多的事情,于是我们将其他人可能会铭记终生的部分淡化了,以致习以为常。在这篇文章中,我也只描述了一小部分清晰的记忆而已,其他的都蒙上了一层雾。妹妹是我自身经历的一面镜子,是生命给我的最大的恩赐之一。

挣脱

最终,我意识到,想要重新开始自己的生活,我需要在情感上与父母割离。六年前,我告诉他们,我会减少与他们的相处,且每次他们各自要提到对方时,我会喊停,如果他们坚持,我就挂电话。

我的尝试持续了好几个月。父亲给我打电话,说因为我不打电话,母亲十分难过,把自己锁在浴室里,他担心她会自残。他从门缝里把电话递给她,我听着她一边啜泣,一边用孩子一样的语气向我诉说。她在某一刻一遍又一遍地对我说"我爱你",用小女孩的嗓音,说了千百遍。我无法辨别她到底是在对我说,对她自己说,还是对其他什么人说。我用一如往常的柔和声调安慰她,直到她能连贯地表达自己的意思。待我挂断电话时,已经筋疲力尽，遍体鳞伤。我对自己感到愤怒，我无法明确地设定自己与愤怒的界限。

几个月后，父亲打电话来，断断续续地说："我再也无法忍受了。我要做些不好的事情。"我恳求他坚持住，告诉他我在山里，信号不好。我挂掉电话后就像疯子一样开车下山，一遍遍地给他打电话，没人接听。我脑海中闪过一个个画面，他的尸体流着血在地板上，要么是在他们俩的床上。我给远在斯里兰卡的堂兄迪内希打电话，他是我毕生的知己。"报警。"他说。我打电话给惠特。"报警。"他也说。因此，虽然我还在担心执法部门会如何处理有色人种的尸体，但还是拨了报警电话。那一头的警官说："哦这样，我知道那家，我去过。"我挂了电话，又拨给父亲。他接了电话，说他只是大吵了一架后出门走走，清醒一下，说他没事了。他又问我声音为什么听起来很焦急，马上又说："稍等，有人敲门。"接着说，"警察来了。"我说："对，是我报的警，因为我不知道你是不是自杀了。"他回答我说："你报警干什么？邻居们会看见的。"

他们把他带去疗养院里关了三天。他离开后告诉我，说已经和一个心理医生聊过，而这是他经历过的最棒的事情，因为终于有人真正倾听他的想法了。可当我问他是否需要继续治疗时，他拒绝了，说大家都知道心理医生是骗子。如果他们的病人康复了，就赚不到钱了。

那一刻是我的转折点。他们既然不愿意拯救自己的人生，那我也拒绝和他们一同溺亡。

爱

我不知道小时候在家里看到的事件在我长大后是否仍然会发生。我希望随着年纪的增长,父母可以找到和平共处的方法。我仍然相信,他们可以把自己重塑成我妹妹孩子们的优秀的外祖父母。正如我前文所述,如今我很少去看望他们。每次和他们待不到几个小时,我就感到有一座无法逾越的大山向我压来。每当和他们在一起,我就会变得沉默、暴躁、粗鲁。我会变成一个与熟悉的自己完全不同的人,一个与我最亲近的人也不认识的人。那些未曾谈起的事,让我的心变成了一只挥舞的拳头。

重要的是,在很多方面,我父母是优秀的。在我不愿扮演传统南亚女孩角色的时刻,他们给予我的支持,是大多数南亚父母做不到的。他们在经济上也慷慨大方。我从来不用像大多数朋友一样在大学勤工俭学,也不需要背着债务完成学业,这可以说是一份巨大的恩赐,因为债务让许多学生的生活陷入瘫痪。他们带着我四处旅行,我去过的地方是我的同龄人无法想象的。更为慷慨的是,父亲近期还资助我和惠特买了一套房子。我还在努力推销自己的第一本书时,母亲就尽己所能给我支票了。我去斯里兰卡,她还让我住在她家里。从这些方面来看,他们是体贴、大方的。我深知这一点,这是我们共同相信的真理。我也明白,打破环绕着我童年的沉默这个行为,在他们看起来是彻头彻尾的忘恩负义。所以我必须说出口,对于他们赐予我的许多礼物,我无比感恩。

有一次,我难得地回到自己长大的房子里。我看见自己和妹妹的几十张照片,几乎都是我们童年和少年时期拍的。时钟在这里仿佛停止了。我知道父母爱我,思念我。我也深切地哀悼我们所失去的一切。但我已经跳出了自己的深井。我对此地有怜悯,却没有不该抱有的期待。

离开童年的房子时,父母站在门外挥手。她站在前门台阶上,而他站在草坪旁边。我开车走远,他们不停地挥手,直到我消失在他们的视野中。他们不停地挥手,直到他们在后视镜里变得很小很小,就像幼小的孩童,最后消失了。

我回顾过去,发现我为自己开辟了一条不同的道路。我找到了理解我的心并细致呵护的人们。我将自己塑造成了一个大多数时候值得我喜欢、尊敬和热爱的人。我自己的人生之路已经敞开,我懂得爱也是有传染性的。我知道,治愈是可能的。我知道,我们能够创造童年时的自己无法想象的人生,我们可以引领着当年那个幼小的自己,一起走进光明灿烂的新生。

后记:本文付梓前六个月,我把它寄给了母亲。以下是她回的电子邮件:"杜瓦,你出版这篇作品的坚强让我感到骄傲!它会帮到许多人。对我们的生活中所发生的事情,我感到万分抱歉,都是我的责任。我无法改变过去!!!我非常爱你,希望我们能在未来建立起更好的关系。我为你所有了不起的成就而自豪。爱你的艾米。"

关于我母亲的一切
All About My Mother

布兰登·泰勒
Brandon Taylor

母亲很少和人谈起自己的事情。据说南部的家庭里总是充满了故事，但我家并不是。我猜，或许我的家庭也有许多故事，只是他们从不提起。也可能他们提了，只是付出的代价太高，于是在讲了一次后也不再谈起。

有一次，母亲跟我说，我小时候一直不肯丢下奶嘴。在我一岁的时候她就想让我戒掉奶嘴，两岁时又尝试了一次，可我不肯。她说我去哪儿都戴着奶嘴，吸啊吸的，睡觉都在吮吸。她试图在我用奶瓶喝奶的时候把奶嘴拿走，可是我把它紧紧地攥在手里。她本可以轻易地把我的手指掰开，毕竟我当时还是个婴儿，不能做出什么反抗，但她觉得太残忍了，总是在关键时刻泄了气，只能一次次地放弃。她说一旦她拽奶嘴，我就把它紧紧地含在嘴里或者握在手上，眼睛里蓄满大颗大颗的泪珠子，还发出打嗝一样的声音，就好像吞下了什么对孩子来说太大的东西。她拽，我反抗。她实在狠不下心把奶嘴从我这里抢走。

后来有一天，我感到胃部不适。我经常觉得胃不舒服，总有些灼热的东西在搅动我的胃。不过那一次，我自己一个人跑进卫生间吐了。我跑得飞快，她跟在我后面进来。她低头一看，发现我正试着把奶嘴从呕吐物里拣出来。她抓住了这个机会，赶紧把它们都冲走了。

我记得，她是在我五岁生日上第一次讲这个故事的。房间里每个人都在笑我——笑我这个小男孩，或者是笑那个小不点儿，我分不清。她就站在我们住的板房里的柜子旁边,手搁在屁股上摇头。接着她开口说:"你总是那样贪吃。"她的这句评论刺痛了我。那时候我的确开始长胖了,要穿大码童装。这还不够,她又重复了一遍:"贪吃,贪吃啊。"她的话引起了哄堂大笑,而我坐在地上,摆弄一个表兄的爸爸给我买的玩具。我的脸在发烧。她又摇头了,说:"你被宠坏了。"在她眼里我不仅被宠坏了,还贪吃。有人叫我胖子艾伯特,这个称呼挥之不去,因为我父亲的名字叫阿尔文,人们有时候就会叫他艾伯特。而我是个胖子。胖子艾伯特。这就是她给我的生日礼物。除此以外,就只有两片白面包夹着的煮过头的热狗。

我认为这个故事值得一提的原因有很多。最重要的一点是,当时我母亲竟然无法狠下心从我手中抢走奶嘴。我感到十分惊讶,她居然还有这样的恩典与仁慈。我真想知道到底发生了什么事情,把一个不忍心从哭泣的婴儿手里抢走奶嘴的母亲,变成了一个能在我的生日上仅仅因为我吃蛋糕和糖果就说我贪吃的人。第二个意义非凡的原因,则是母亲经常讲这个故事,且内容十分一致。她讲其他故事的时候,内容总是千变万化,会受到她的情绪或是试图佐证的观点的影响。

我很小的时候,母亲在本地一家汽车旅馆当管家。我父母都不开车——母亲是因为几年前把车开出过车道,就对驾驶产生了复杂的心理,父亲则是因为在法律意义上是失明的——所以我们家没有车。母亲去上班总是搭我一个姑姑的车,或者是付钱给她姐夫,五美元送,五美元接。当时我们住在一英亩的小湿地上,灌木丛都清理干净了,就在祖父母家土地的后面。我父母从没有过自己的土地,板房也是从我祖母的妹妹那里继承来的,她本人则住在地界的另一头。我曾祖母土地范围内有座小红土山,祖母的妹妹就住在山脚下。现在想想也很奇怪，我的亲戚们怎么能够聚在一起那样住着，孩子们又怎么能一点自己的地产都没有，都和父母们住在一起，住到年纪都太大了，或者都成家了，才像熟透了的果子一样掉到地上。不过对我父母来说这倒是很方便，毕竟正如我所说，他们不开车。

因为父亲无法工作，所以母亲要出去干活。我从来没有问过父亲他能看见什么，然而我还是间接地测试过他视力的极限，就像孩子们经常测试父母爱的极限一样。我会等到他一个人在房间里的时候。他独自一人，这一点很重要，我可不想有人突然叫我的名字，或者暴露这个游戏。我站在旁边，远远地等着他转向我。我尽量一动不动，想着如果我不呼吸，不动，不让地板在我脚底下发出声音，那么他就无法用听觉来发现我。有时候他会来我房间找我，简单地看一眼，其实就算他和我面对面，也看不见我。他会走进我房间，喊我的名字，不过不是人们引起对方注意的那种叫法，而是你寻找某个人的时候的叫法，是你面对着一整排树，而你要找的东西却在视线之外的叫法。你得大声喊它，盼着它能自己出现在你面前，盼着它从任何一处沉睡中醒来，像清风一样飘到你眼前。他会走进我的房间，喊我的名字，未果，就走了。我可能就在床上或是地板上，就在他的面前。因为母亲要工作，所以我们经常独处。还有一个我喜欢玩的游戏，就是等到他的嗓音都沙哑了，喊我的名字喊得疲倦了，我就走到他身后，把脸靠在他汗湿的背上，抱着他说："我就在这里。你错过我了。"

他会喃喃自语，蹲下来捏我的脸说："我错过你了[1]，好吧。"

母亲傍晚回来，她可没什么耐心。她只会喊一次我的名字，而我就感觉后背发凉。我会赶紧跑到她在的地方，她看着我，仿佛在生什么气。她

---

1 此处双关，"错过"也有"想念"的意思。

的眼睛尤为漆黑细长。她的头发是黑色的，在我少年时期，她剪掉了头发，在那之前，她的头发是烫的，是那种波波头。她几乎不戴首饰。她身上有种残酷的神秘感，仿佛一身毫无牵绊，没有什么东西在她身边而不会被撕碎或炸裂。

我记得，每当她站在我身边，气氛就变得阴冷。我害怕她会因为什么我没能解释清楚的事情，一些她从空气中嗅到的气息而打我。母亲不是那种会和孩子玩游戏的人。即便她试图和我们一起大笑，我也总觉得她是在嘲笑我。一旦听到她的脚步声出现在门口，我都会从床上蹦起来，脸贴着窗户，看着她一步步走进家门，而台阶上的灰尘在她坚定的步伐下颤抖。

· · ·

她有时会提着塑料袋，里面装满了别人的生活中遗漏或是丢弃的东西，比如从她工作的旅馆里拿回来的枕头，一大堆充电器和电线，还有时不时会拿回来的玩具和衬衫。还有一段时间，她在我家乡一家高尔夫球场旗下的酒店工作。从那里她会带各式各样的东西回来，更为昂贵的东西：MP3、相机、名牌 Polo 衫、香皂，还有洗发水，都与我们居住的板房格格不入，仿佛她在一次次地试图将我们抬出那个地方，仿佛每一件物品都会让我们变得更好，而不是说，这些物品会激起我们的好奇，从而让我们更为清晰地感知到自己处在社会的底层。

我还有个哥哥，不过在我童年的记忆中，他鲜少出现。他总是离家在外，四处游荡，躲在房子后面，或是消失在树林里。随着事情的发展，我愈加为这些早期的记忆中所包含的异常的温柔而感到讶异，这段记忆有着灰调的温柔。很多人也许会觉得这是司空见惯的，可我最为记忆犹新的，却是我出生的头几年，父母让我待在家里，不允许我走出院门。这就是为什么有关他们的记忆中会带着这种特质。

等我五六岁了，活动范围扩大到房子周围的路上。也就是说，他们允许我离开院子，到祖父母的院子去。他们允许我穿过篱笆和树丛，跳过土堤和沟壑，沿着沟壑光滑的边缘滑下，滑进长满葛根、布满汽车残片的沟壑里。但是，他们不允许我穿过马路去父亲的妹妹家里，在我印象里，她是个给我玩具和礼物，陪我玩，让我给她梳头的人。我只能由父亲牵着手，才能穿过马路去看她。从那时起，我最不想放开的就是父亲的手了。我从来没有尝试松开他的手，跑在他的前面；我从来没有把手甩开，在路上挣扎；我从来没有想要去伤害我的父亲。我只是看着街上的孩子们，看着他们测试自己的独立程度，试图逃离他们的父母。我看着他们从父母的手中溜开，跑来跑去，跑到街上去，空荡的世界无拘无束，直到某一刻，突然有辆车从哪里冲出来，世界也突然变得愈加渺小，也愈加庞大。

我不是他们。过马路的时候，我牢牢抓着父亲的手。有时我也会让祖母带我过马路去找父亲。唯一一次我不经允许过马路，是趁母亲去镇上给我买穿去上学的鞋子的时候。再过几个星期我就要上一年级了。我被这事吓到了，就跑去找我姑姑。我站在她住的山脚下，气喘吁吁地爬上去。等她下班走出车门，我就冲着她挥手。她给我吃零食，还喂我吃葡萄，给我看卡通片，接着送我回家，母亲在家里等我。也好像是，他们对我说她给我买了什么东西，放在祖母房子的某个地方。总之我拿起床上的鞋盒，突然，母亲从衣柜前挂着的帘子后面走了出来，高大挺拔的身影，就那样走了出来。她一把拽住我的手，一下一下地打我，接着拿走了鞋子，并且说，既然我觉得自己已经长那么大，都可以自己过马路了，那就光着脚去上学吧。

但我记忆更加深刻的是,在那之前,我还很小的时候,真的还是个蹒跚学步的孩子的时候,他们把我留在家里。这仿佛是一种深切的温柔的姿态,是你深爱某个人的时候才会有的举动,也是我艰难度过的时刻。我四岁时,他们爱我爱到把我关在家里,爱到不允许我自己下楼梯,要他们挽着我才下楼。

母亲去世后,父亲对我说的第一件事,就是她真的爱过我。当时我还想,多么可笑的一句话啊。不是说她的爱显而易见——从来都不是,真的,不是一件明显的事情,而是他以为这对我来说意义重大,而实际上那时候,这根本毫无意义。我嘲笑他,还开了个玩笑,于是他又说了一遍:"她爱你,你是知道的,对吗?她爱你。"

这不是我家里人经常说的话。我家里人都是那种关上门来静静地生气的人。我们不会互相说爱你或是晚安、早安之类的。表达感情让我们拘谨难堪。把话都说出来就好像把自己最脆弱的一部分摆到了台面上。但我还是会表达出来,并非出于勇气或是诸如此类的,而仅仅是因为愚蠢、孩子气。我们发出的都是毫无意义的噪声。然而我父亲在母亲死后,开始这么说话了,可我却不曾回应。我只是觉得,既然我们已经按一套规则玩了这么久的游戏,也没什么必要去改变规则了。

但最近,我开始怀疑这是否仅仅是我自己的感觉,我,家里的小屁孩、淘气鬼(自己的感觉)。这么多年来,我假装自己不在家里,忍着一动不动,当作自己是看不见的,我以为这是在捉弄我的父亲。

一个自私的孩子以为他是掌控一切的那个人,却完全忽略了,如果一个父亲知道你偷偷靠近他会给你带来欢乐的话，那么他就会假装自己并未察觉。

第一眼，你就错过了许多。

我母亲是2014年去世的，那是我坐下来写这篇文章的四年前。她得了癌症，扩散得很快，没有过太久。我不知该怎样描述这件事。我不想用"战斗"这个词，因为那并不能算是一场战斗。她得了癌症，然后就死了。我们没有一个词汇可以来描述这件事：你生了一种病，而且知道可能会让你送命。她得的是肺癌，从食管肿瘤开始的，大概就是这么一个情况。我不知道该如何解读我家的故事，有多少是真的，还有多少是为了协调一个不和谐的音符而生造的。我只知道她得了癌症，现在已经不在了，她已经去世好几年了。

在母亲去世前，我不太写非虚构类的文章，连写学校论文都不太花心思。如果你也在一个为现实而焦虑的家庭长大，你也会变成这样。我所说的现实并不是真相，因为我相信他们说的的确是真相，只不过用了他们以为最好的方式说出来。我指的是现实，现实就是我们以为的真相。比方说，我小时候问祖父，从鸡场收集的鸡蛋里有没有小鸡。他说没有，因为我们吃的鸡蛋是公鸡下的，公鸡就是男孩子，所以不能下有小鸡的蛋。很长一段时间里我都相信他。后来我知道真相不是这样的，就去问他。他耸耸肩说："嗯，就是这个意思吧。"

还有个例子：我母亲被诊断出患有癌症以后，她告诉我说，医生让她在化疗和临终关怀之间做个选择。说到"临终关怀"这个词，她嗤笑了一声。她说：我是个战士，我选择战斗。可我祖母后来跟我讲起这个故事的时候，却说他们花了很大的力气才说服母亲不去临终关怀医院,说她离坐等死神降临就差在文件上签个字了。另外的一个例子是:我最后一次和母亲谈话的内容是她抱怨我的哥哥有多么讨人厌,说他一直给她打电话,都不让她休息,就是想打扰她,激怒她,惹她生气。而我哥哥却对我说,他们通话时,母亲说她爱他,然后就不停地哭泣。他们两个根本没有提起过我。

我发现厘清现实不是一件容易的事情,处理现实、组织现实以让它们说得通,并串起一个顺畅的故事,更不容易。而真相则从精心安排的细节中诞生。现实是一个细节,与真相有某种特定的关系。但是任何一组细节都可以被排演出一种真相——每当我们发现这一真相时,这组细节就被称为现实,即便这些现实不一定是真实的。我一度不知该如何写论文,因为现实对我来说难以理解。我的家人相信鬼魂——他们相信你仰面睡觉的时候,巫婆会爬到你身上,诅咒你或是勒死你;他们相信上床前吃了太多猪肉或盐,魔鬼就会进入你的房间,撕碎你的梦,闯进梦里。我又该怎么写一篇论文,处理各种现实的顺序和关系呢?毕竟我所理解的一切都是晦涩含糊的。以爱为例,大多数人通过接触、话语或是其他情感的方式来表达。可是在我家里,爱却是由那些我没有受到伤害的时刻慢慢积攒而成的。

如果你获得的是二手的爱,那么爱是什么?是一种现实,或仅仅只是一个细节?

我更擅长写虚构的小说。在小说里,你可以自己决定什么是真实,什么是虚假;什么是真相,什么是谎言;什么是现实,什么是细节。在小说里,我是上帝之眼,是真相的唯一源头。然而,当我试图写母亲的时候,所有的故事都平铺在我面前,我无法把她放进小说式的语言之中。事实上,她去世的那段时间我写的日记里全都是细节,关于天气,关于我破碎的内心感受。一开始，我尝试去脚踏实地搜罗一连串的细节，想找出一些灵感或是线索，以便让我继续走下去。我也觉得自己没有权利为她悲伤，毕竟我对她有过如此多的怨恨，也曾如此深刻地被她伤害。

以下是一些关于我母亲的细节：她曾经让我在全公司的人面前清洗胳膊，因为据她说，我又臭又脏；她曾经把我藏在床底下的日记找出来，在聚会上当众朗读；她喊我是娘娘腔的宝宝，嘲笑我说话的样子；她曾经试图用在我衣柜里找到的空白支票取光我银行户头里的钱；她说她要两百美金给我侄女买学习用品，实际上却用这笔钱买啤酒。有一次，她疯狂地抽我，把头顶的灯都打碎了，然后逼着我在黑暗中收拾床单上的碎玻璃。她的朋友们都很喜欢她。她有种让人着迷的个性——她可以认真倾听好几个小时，堪称邻里八卦界的百科全书，而且她很搞笑，对人的八卦有种敏锐而真实的感知，即便是在说你的八卦，你也忍不住要笑的。她慷慨地付出自己的时间。她对这个世界有许多渴望，但世界给她的却很少。她想要去死，可我外祖母不同意。

还有个问题让我无法在小说里写母亲，写我的悲伤，那就是我对她缺乏真挚的、人性的情感。或者说，不，那不是真实的。我缺少的是对她的同理心。我太过关注自己对她的情感，乃至再也没有余地留给她个人的情感以及她想要的生活。我无法再留给她一个作为个体独立的空间。我想，终究，他人对我们总是不真实的，直到他们承受了病痛，最终逝去。因为从那一刻起，想象便开始发挥作用，试图把现实厘清，试图理解他们。我写不了这本小说，因为我尚未掌握自己的情感；我写不了这本小说，因为我尚未开始理解她，理解她的生活于她自身而言意味着什么。我还沉浸在自己的愤恨、恐惧与悲伤中，我仍是个自我中心论者。我错过了我们之间所有的相关性——她的伤痛，我的伤痛；她的暴虐，我的暴虐；她的愤怒，我的愤怒。这并不是说我开始真正地爱她。但是我的确学会了像我的朋友对我做的那样，向她表达同样的风度。这是写作的其中一项美妙之处，写作是我们了解他人的途径，也是我们了解自己的途径。

我认为，写作中最难的一件事，就是把自己主导性的情绪完全剔除，转而运用另一种情绪和理解。当你写到他人的苦难，尤其是亲近之人的苦难时，你必须祭献自己，让自己沉浸其中。你不能就这么等着他们自己讲完一段话，然后快速地说你同意他们的观点，然后再加上自己的想法或是小聪明。这很奇怪，真的，想要抓住曾经伤害你的东西，这种感觉很奇怪。你必须相信它不会再伤害你，才能让它占据你的内心。

你知道洗礼吧？人们抱着你，把你浸入水里。就是那种感觉。你必须相信他们会把你从水里举起来。

她的名字是玛丽·让·斯皮格娜。她英年早逝。她辛苦工作，脚后跟干裂，灰扑扑的。她吃口嚼烟，然后吐进啤酒罐子里。她虔诚地观看每一部肥皂剧。她最喜欢的鱼是白鱼。她不太吃盐，也不太吃糖。她把鸡炸得黑黢黢的。她每天早上和下午查血糖，把紫红色的血液擦在试纸上。她左手会颤抖。她鼻子尖尖，眼皮耷拉，眼睛漆黑。她最喜欢的颜色是绿色。她最喜欢的电视节目是《90210 飞越比弗利山庄》。她超爱休·格兰特。她喜欢笑。她最喜欢的音乐风格是布鲁斯。她唱歌很难听，但是很爱唱。她小时候被一个男人强奸了，可是没人替她说话，没人为此做任何事情。她每天都要看见这个男人。她每天都喝酒。有时候她不吃东西是因为胃疼得想哭。可她没哭。她从来没哭过。她只哭过一次，那次她姐姐说她是个丑陋的骗子，而那时候她们两个都已经长大了。她回家扑在床上哭了好几个小时。她讨厌虫子。她的嗓音很尖厉。她讨厌被人碰。她讨厌别人说她蠢。她讨厌秘密。她从不说真话。她常常跳舞。她睡得很晚。她经常熬夜。她容易失眠。她害怕了解别人的梦，听见别人说梦见了什么，她就好像听见尖厉刺耳的声音。她可以用任何事情开玩笑。她喜欢讲故事。她相信魔法。没人为她挺身而出，因此她只能自己为自己站出来。后来，她站累了。

我多希望自己能多懂得她一些。
我多希望我们是好朋友。
我多希望我曾更加努力一点。
这还不够，怎样都不够。
可是，无法重来了。

我在山上看见了恐惧
I Met Fear on the Hill

莱斯莉·贾米森
Leslie Jamison

1966年的夏天，希拉和彼得是一对住在伯克利的年轻夫妇，他们彼此相爱。在提尔登公园，他们获得了人生中第一次迷幻药体验。他们走在溪流里，看见水里到处是史前的怪物，至少也是蝾螈吧。叶子是绿宝石。整个世界像个变形虫。他们是亚当与夏娃，找到了回伊甸园的路。

他们找了一间与人合租的房子，房东是律师出身，转行做起了毒品买卖。一个被称作"野蛮比尔"的当地人，某一次吃了迷幻药以后，在他们的墙上写了一句："哦，上帝，即使身处果壳之中，我仍自以为是无限宇宙之王，只要我无那些噩梦。"[1]他们以蒜香意面和黄油烤曲奇为食。药物使他们的头脑仿佛被兔毛包裹。他们参加的餐会最终都变成了狂欢。他们和一对赫赫有名的诗人夫妇换妻。他们信仰爱不应当是独占而应得到解放。然而，他们开放式婚姻的破裂，恰恰因为希拉爱上了另一个人。

这基本上就是《分道扬镳》里的桥段。《分道扬镳》是一本未出版的小说，作者名叫彼得·博格尔，写于1968年。这是两个人之间的故事，他们年轻气盛、激情昂扬、身无分文、多愁善感。这是他们最终分道扬镳的故事。这也是我母亲的故事。

我母亲在成为一个母亲之前的形象，在我的脑海里像是神话故事——

---

[1] 莎士比亚《哈姆雷特》中的台词。

仿佛一个半虚构的天方夜谭。读以她为原型的这本小说，使得我脑海中本就清晰的印象更加文学化了：她的青春岁月似乎比一生还要漫长。

母亲的原名并不是希拉。她讨厌希拉这个名字。她真名是乔安娜。她与彼得坠入爱河时，还在里德学院读大二，彼得倒是真名。他毕业后，他们就结婚了。婚后一年，她也毕业了。又过了两年，他们离婚了。我沉溺于他们在一起的那段岁月——尤其是他们在伯克利一道过着嬉皮士生活的岁月，那时的他们努力让自己的婚姻顺利地维持下去。我只认识童年平淡日子里的母亲，只认识那个在高速公路上听着广播开着车，脑子里盘算着烤箱里的食物的母亲。我最好的朋友说，我家的冰箱里总是塞满了剩菜，特别是各种各样的豆类食物。

至于我和母亲的关系，童年的大多数时间，生活里只有我们两个人。晚餐我们吃素食汉堡。周末晚上，我们肩并肩看电视剧《女作家与谋杀案》，一人挖着一碗冰激淋。我们在新年写下愿望，然后用蜡烛将纸烧尽。许多我童年时期的照片上，她都搂着我——一只手挽着我的腰，另一只手指着某个东西，说："你看那里"——从而把我的目光引向平凡世界中的惊喜。想要谈论她对我，或是我对她的爱，都像无意义的赘述：她永远能向我展示爱的定义。她的爱就像日常的每一天一样，于我而言就是一切，因为我的每一天就是我平凡的生活，我的每一天造就了我。我不知道还能有哪个自我，可以脱离它们而存在。

多少次，母亲拿起电话，听我在另一头痛哭流涕，我只在她面前才流眼泪。我女儿出生那天，她赶到医院。我坐在病床上抱着我的孩子，而她则抱着我，我忍不住哭了起来——因为我终于能够理解她是如此地爱我，而我不知如何承受她的深爱。

直到我三十岁，母亲才告诉我，她的第一任丈夫写了一本小说，有关他们的婚姻。那时我简直好奇得发狂。我和彼得彼此并不相熟。他就像一个遥远的好心人，只在我童年生活的边缘游弋，他隐居在俄勒冈州的丛林里，隐藏着自己神秘的踪迹。我只知道他一直将收入保持在联邦最低税收线以下，避免自己交的税被用来资助国家发起的战争；我只知道他曾经因为阻碍核电站工程被捕；我只知道，在我还是个孩子的时候，他送过我一张捕梦网。

随着我逐渐成长，他们年轻时的婚姻在我脑海中形成了一幅电影般的画面，笔触宏大——充斥着迷幻药、流行乐，以及破碎的心。尤为令我着迷的是，母亲生命中竟有一部分远远超出了我的经验范围，远远超出我们共同生活的熟悉景致，超出了附近公路的路口，超出了买早餐时的讨价还价。我对这超越自身视野的青春生涯兴奋不已，我想见证这段青春。这就是我将它视作神话的原因——如此，我便可以将它还原成具体的物件，像握住宝石一般将它握在手中。

在童年和少年时期，我通过照片和几段逸事，拼凑起了母亲与彼得这对年轻夫妻的印象：母亲亭亭玉立，秀发乌黑，一双黑褐色的眼睛，好似雕塑般的颧骨，是美而不自知的女人；彼得身材高大，络腮胡子，鼻子挺拔，是欧洲犹太知识分子的儿子。一直将自己视作边缘人的彼得在大学校园里找到了同类，他们一道弹吉他唱歌，在戏剧课上打破教授制定的规则，篡改人物性格，比如把人物改成一个装了黑牙的擦鞋工。母亲对我说，吸引她的是他身上某种原始的气质，她似乎感觉他像个部落的首领。

事实上，当我问起彼得是否愿意把他那本小说与我分享的时候，他表现得十分高兴，即便世上仅存的手稿不多，还是立马寄给了我。我急切地等待书稿到达——我需要它来证实我对母亲的过去神话般的想象，也渴望它能使她的神话更有血有肉。

小说装在一个紫色的文件夹里，书页松散，是一份打字机原稿的影印本，已经有些褪色了。页码跳了几个数字，显示这里曾经有过删节，页面上到处都有手写的修改痕迹。比如有一个场景讲到几个朋友一起嗑药，还把脚趾放进洗衣液里，此处就有个标点被小心地划掉了。

我捧着这本小说，仿佛捧着一件珍贵的违禁品，仿佛在读我本不该看的文字。我用一天时间把它看完了。读着这本书，我好像就坐在母亲的肩头，从提尔登公园的第一次迷幻药体验开始，望着她早年神秘莫测、难以捉摸的未知人生在我眼前上演。我就像一个藏在她卵巢中的偷渡客，是一个尚未来到世间的同行者。

小说的开头使人想起伊甸园：希拉和彼得坐一辆喷着迷幻色彩的皮卡，喝着掺了迷幻药的果汁，穿过艾默里威尔滩涂。他们去旧金山菲尔莫街看"杰弗森飞机"[1]的表演，同台演出的还有一支叫作"感恩而死"[2]的乐队，他们当时还没有出过唱片。加州有工作机会让他们能在波特兰生存，彼得可以在一家不锈钢铸造厂上班，他有许多同事，他们一道在车间踏着去污剂虚度光阴，然后在休息室里分甜甜圈。他们在加利福尼亚的生活遵循着彼得称之为"酷原则"的理论，这一理论无法言喻，同时也不容辩驳：那就是在餐桌中央放一只装满干净的青草的木碗；那就是人们常常称之为"遥远之物"的东西；那就是一个叫达林的漂亮女孩使尽浑身解数想要阻止警察给自己判下非法闯入州立海滩的罪名。即使彼得还无法完全明白

---

1 杰弗森飞机（Jefferson Airplane）是旧金山最早的迷幻摇滚乐队之一。
2 与杰弗森飞机一样，感恩而死（Grateful Dead）也是迷幻摇滚开创者之一。

"酷"的含义，但只要他看见，就能明白，那就是"酷"。有一次他在聚会上说："虽然我不知道西塔琴是个什么玩意儿，可是我确定爆了，这家伙一定知道自己在做什么。"

他们的香格里拉是一片天体海滩，有一次周末，他们去那边露营。唯一的问题是，有个端着猎枪的人在看守那条私家公路。（书里写的是"天堂就在前方，我们却无法到达。我们被一个绕不过去的自大狂拦住了，他不许我们走下他那座肮脏的悬崖"。）幸运的是，有个在玩冲浪板的裸体男人在沙滩上给他们画了一张地图，引领他们走了一条秘密小径。他们生起篝火，在闪烁着的夜光藻旁度过了那个夜晚。那晚，他们为"逝去的美好时光"举办了葬礼。当时的他们还不知道，自己正活在美好的时光里面，有朝一日他们将怀念这一天，有朝一日她的女儿也将怀念这一天——她坐在他们灵魂的肩头窥视着、憧憬着他们曾经的生活。

尝试写我母亲的故事，就像眼睛紧盯着太阳一样难。好像文字只会玷污她给予我的一切、我的人生——她给予我的如此多的爱。多年来，我拒绝写她。亲密的关系往往会为不好的故事寻找补偿，自然也难以真实表达。故事是需要冲突的，可我和母亲——一天又一天，一周又一周，十年又十年地亲密无间地生活。我又不是傻瓜，谁会想看别人相当正常的母女关系的故事呢？

有个朋友一度对我坦陈，她说我经常说自己多么爱母亲，都让人听觉疲劳了。可我又能说什么呢？我对母亲的需求仿佛永无止境。我想更彻底地爱她，我想爱她的过去。或许这正是回到子宫的一条路——回到我出生之前，寻找她的故事。

希拉和彼得的婚姻在《分道扬镳》的中期开始破裂,希拉爱上了一位名叫厄尔的工程师。小说中的厄尔被描述成一个无药可救的正直男人,就算方圆十英里的人都已经嗨上了天,他还是会站在门廊上读斯坦福校友通。但他和希拉认识了——就像任何人二十三岁的时候会发生的那样。有一次他们三个一起去山里背包旅行,彼得内心的一部分在努力不吃醋,可他仍然发现自己为希拉和厄尔在一起的画面感到困扰:"我的潜意识打开了一扇门,向我展示了门后的 3D 电影,那是由我的恐惧与不安拍摄的。"尽管希拉和彼得之间是开放式婚姻,可仍然不该爱上其他人。

希拉和厄尔的关系引起的裂痕越来越深:她和彼得很难再共同生活,双方也无法在生活道路上达成一致。他们身无分文,想要寻求一条出路。彼得要去找工作吗?他找的工作会要求他剪掉长发吗?这些章节不再以"许你意乱神迷"或是"二次降临"为标题,而被命名为"困境"。他们本可成为无限空间之王,却终究无法逃离现实噩梦。

他们的紧张关系在希拉妈妈的家里迎来了顶点。"珍妈妈"问希拉和彼得能不能带她一起吃迷幻药。珍妈妈是指帕特外婆吗?我边看书边想,接着后面的对话让我确认了这一猜想。他警告她说:"迷幻药带来的可不都是甜心和鲜花。"她回答说:"我也不是。"她准备好了承受一切——没想到她迎来的第一个幻觉却是条白煮火腿,这令她十分失望。

就在那一次,彼得和珍妈妈谈起了他的恐惧,他担心希拉要结束他们的婚姻了,而希拉自己也在房子后面与恐惧相遇。"我和恐惧在山上进行了对话,"希拉对彼得说,接着明确地问他,"你认为我们还能继续在一起吗?"

我带着轻微的悲伤和自私的宽慰继续追随他们婚姻的破裂。毕竟,他们的婚姻瓦解了，我才可能降生在世界上。

小说的扉页引文来自"正直的美国诗人"罗伯特·弗罗斯特的著名诗歌：

> 一片树林分出两路，而我——
> 我选择了人迹稀少的一条。[1]

我一直认为，这句诗最动人的部分正是那条破折号形成的断句——"而我——我"，仿佛说话的人正在努力向自己证明，这条路就是正确的那条。但他的嗓音里微微的断点暴露了自己的犹疑。

一方面，这条路的岔道口显然是不对等的：希拉已经下定决心结束这段婚姻，而彼得却心酸彻骨。他的痛苦如同歌剧一般寻求着倾诉。他写了一首名为《粗糙之处》的诗，充斥着荒芜的意象："眼前陌生的雨水／不能使任何人／丰满。"他去参加特殊的聚会，在那里每个人都可以和陌生人发生关系，但那毫无乐趣。在他们分手的那段时间，有一天晚上他发现自己在聚会上无意识地边弹吉他边唱着："我把手伸进敞开的伤口，将悲伤取出，如同鱼钩上的河鳗，举起悲伤，举起荣光。"

另一方面，他笔下的希拉的形象则十分沉着：极度自制，渴望独立。她对彼得说，她想要一个自己的空间，彼得在她"坚定的嘴角"看见了她日益确定的决心。她坚定的嘴角——她的决心，她对独立的期待，与他敞开的伤口形成了鲜明的对比。然而，在读《分道扬镳》的时候，我清楚地知道其中的人物所没做到的事情，也就是即使在离婚以后，我母亲和彼得

---

[1] 摘自罗伯特·弗罗斯特的诗《未选择的路》。

仍然在对方心中占有重要的一席之地，五十年来如一。他们婚姻的结束，只是他们故事的开始。

彼得把自己的小说寄给我，是信任的表现。我不仅是他前妻的女儿——因此有可能是个有失偏颇的读者，同时自己也是一名作家，一只特殊的吸血鬼：一半是拥戴者，一半是批判者，总是拥有背叛的可能性，搞不好还会窃取他的创作成果。

不过我并不认为彼得会把我视作他"前妻的女儿"，因为他并不将母亲视作他的"前妻"。有一次彼得问我本篇文章是什么内容，我告诉他说，我想探索他和我母亲的婚姻如何影响了他们各自的余生，以及他们的关系结束后各自人生之路的不同走向。他打断了我的话，说："我们的关系从未结束。我绝对不会认同这个说法。"

令人欣慰的是，我很喜欢他的这本小说。我喜欢里面的细节，它以清晰可见的柔情，唤醒了那个夏天，唤醒了那个世界里所有狂热的奇幻梦境：朋友们把抽屉当作摇篮，让小宝宝睡在里面；室友们在公寓里养了两只到处便便的宠物鼠；有个人画了本漫画书，讲的是一个超级英雄拥有迷幻药效果般的超能力（陪审团可能会判他持有毒品罪吧）。我喜欢这本小说关注到了极为微小的事物，就像迷幻药一般给人以愉悦的入侵感，就像喝无糖苏打："气泡像涨潮一样涌进我的嘴里，每一颗气泡都仿佛一只小叉子，刺激了我的舌头。"我喜欢这本小说对事物表现出的感叹——描写听科特兰[1]音乐的那段简直精彩绝伦，小说里写道："仿佛音乐是用混凝土修筑的，音符能浇筑出一道桥梁，我可以在上面一路行走，直至走出自己的思想。"

1　John Coltrane，著名爵士乐萨克斯管演奏家。

也喜欢文中的荒谬感，比如有个人物提出要搞定一箱坏螃蟹时说："把你一半的毛剃了，往另一半倒上汽油，点火，在小母蟹逃出火场的时候拿签子穿起来。"

但这本小说远不只是嬉皮士次文化的展示柜，它最终所展现的，是无悔而真诚的情感表达，它展现了一个人对与另一个人共筑人生的希望与尝试，它展现了目睹共同人生的崩塌，那个人转身离去的绝望。我自己亲眼所见母亲离异——和我的父亲，我当时十一岁——但读到她第一段婚姻的终场之时，我还是无法直面母亲是个给他人带来痛苦之人这一事实，也不得不直面她与我父亲离异的经历。正如我们所谈论过的那样，他们的分手也充满了层层的伤痛，而那伤痛在我的视线之外，也许我永远也无法看透。

从某种意义上来说，阅读《分道扬镳》就像读一沓私人信件，就像请了病假一个人在家偷偷翻看父母的抽屉一样刺激。可从另一层面上来讲，也是在读一部动人的艺术佳作。它不是一则尸检报告——向你说明这段婚姻是如何走向坟墓的，反而更像一种尝试，试图围绕两个人之间的裂隙，来创造出一段关系的新生。这段故事使得他们的分手成为二人生命中不可磨灭的一部分，成为他们后来持续终生的关系之序曲。

读完这本小说，我决定采访一下彼得和我母亲，问问他们各自如何回忆两人婚姻的结局。彼得的观点是否随着时间的推移而产生了变化，自然是我好奇的原因，但更主要的是我也想听一听母亲对这个故事的看法。彼得和我总是在下午通话。（"我不是个早起的人，你妈妈也肯定记得。"彼得是这么对我说的。）母亲和我则坐在餐桌边谈话，我的女儿在隔壁房间里小睡——吸奶器摆在母亲的茶杯旁边，桌上还放了泵好的冻奶，她就这样向我讲述成为我母亲之前的自己。

彼得的小说把希拉描述成一个以决绝姿态面对婚姻结束的女人——描述她坚定的嘴角，描述她决心走出婚姻，可母亲却告诉我，她和彼得分手后的最初几个月，是她人生最糟糕的一段时间。他们是 1966 年 11 月分手的，那年冬天，她在寻呼台工作，接听越洋电话。大多数打电话来的都是参加胡志明市和岘港行动的士兵的妻子和母亲，她们想要联系到自己的家人，她们在电话那头痛哭。可她根本记不住哪怕是一通电话的内容。她开始抽烟，每天睡十四个小时。有一天晚上她在街上被人袭击，差点遭遇强奸。直到有一天，她的祖母给她寄去了一份自己的婚礼流程，上面有一句誓言被重点划了出来："直到死亡将我们分开。"

第二年夏天，母亲回到了波特兰，与论文导师开始了一段短暂的恋情——她觉得自己既然已经打破了生活中的许多东西，何不再多打破一些呢？如今她回顾那时的故事，觉得那只是青春剧里的桥段，可在当时看来，她显然已经毁掉了自己的生活。

想到母亲给彼得带来了痛苦，我就感到有些失落；但想到母亲居然是如此跌宕起伏的剧情的主角，就更加迷茫。我从来都不知道她是个戏剧性的人物，相反，我倒是无数次体验过她把我从戏剧化的边缘拉回来。每当我和人分手，她都会对我说那不是世界末日，这令我既欣慰又沮丧。然而我现在明白了，她的智慧并不是天生的，那可能也是一种肌肉记忆——她也许想用这种方式劝告过去的自己，劝慰那个以为自己已经毁掉了一切的人。

与此同时，也是在他们离婚后不久，彼得和另一个女人结婚了，婚礼在美丽的海滩上举行（母亲从她妈妈那里听说这个消息，感到自己遭到了背叛,也以为自己从他的生命中完全离开了)。后来他们有了个儿子,名叫尚迪。尚迪出生后没多久,母亲去拜访了他们。她还记得看见他们三个人都要睡在一间小公寓里光秃秃的床垫上。她记得那是她第一次感觉到——不是隐约的感觉,而是内心明白,她渴望有个孩子。

在母亲看来,彼得正过着自己所设想的人生,可彼得自己的看法却与之大相径庭。在他的记忆中,离婚后的整整十八个月里,他都在努力尝试"挽救"他们的婚姻,不断地打破她允许的友谊的界限。但那注定不会有结果,他对我说:"你只能把自己推得越来越远,变成别人想要你成为的样子。"

离婚两年以后,彼得写了《分道扬镳》的初稿,用以慰藉自己的失去。起初,这大概算是种心理治疗。他同时也去看心理医生,把迷幻药当"圣餐"一样定期服用,还参加裸体小组(组员在某个人家里聚会,脱掉衣服,深入挖掘其他人的生活)。有一段时间,组员们坚持认为彼得参加非暴力运动,其实是为了升华自己的愤怒。为此他们还做了个实验——固定住他的手脚,不停地在他耳边低声辱骂,试图让他宣泄出自己的怒火。"他们失败了。"他简单地告诉我。

最初,彼得的小说是以第一人称写的,以保证自我剖析的准确度和及时性。他对部分事件进行了压缩和夸大,以凸显他在经历这些事件时的感受之强烈。不过大多数时候,他还是努力忠实还原事件本身。我问起他写这本小说的缘由,他向我引用了尼采的话:"记忆说你做过。自尊说你不该做。于是记忆屈服于自尊。"他不想让自己的记忆屈服,不想让自尊改写真相。"我想写下它,以最大程度的诚实。"他对自己说,"写下来,固定住真实。"这也是他抓牢我母亲的一种方式,由此,他才可以在生活中对她放手。

彼得后来决定用第三人称叙述方式,希望一点距离感可以增加艺术性。但最后他还是认为第三人称显得懦弱与逃避,于是又改回了第一人称。他在俄勒冈州塞勒姆以西的丛林中重写了这本小说,同时他也在那里建立了一间公社。他坐在公社工作室的办公桌旁——身边围坐着孩子们,还摆着一堆准备做屋顶的瓦片,尝试想象其他角色(主要是我母亲)的视角。他写了她的经历,因此他感到自己有责任将她的视角也一同写进来。

当我问起,他是否担心过自己的愤怒情绪会影响对我母亲形象的描绘,他坚定地回答我:"我没有感到愤怒,只有无边的哀伤。"

希拉这个名字对我母亲来说过于陌生了,甚至她会想,给自己取这个名字,是不是彼得对她的挑衅。我懂她的意思,这个名字听起来太金闪闪,太戏谑,应该属于一个穿着超短裤的活泼女郎。然而,在我深刻的印象里,小说中她的形象却显然是令人敬畏的——因为令人敬畏才使我印象深刻。和我一样,彼得对我母亲的崇拜式的爱,也修饰了母亲在他心中的形象。

希拉能力出众、彬彬有礼,她十分关注他人的感受,尤其能帮助那些在负面情绪中的人。同时,她也很清楚这些情绪源自何处。有一次,她准确地判断出,彼得声称自己的糟糕情绪源于"权威性"的挫败感,但实际上却只是因为她对他的关注不够且不满。彼得——多年后作为作者,承认母亲有时比他自己还要了解他。

除了教养以外,希拉也有极强的自制力。她永远都在寻求个人空间,这正是她嘴角那抹坚定神色的源头。从某种程度上来说,她的形象便是我一直在追寻并希望成为的样子:渴望并建立界限,而非试图化解或超越它们。这也是彼得最爱我母亲的一点,他曾告诉我,他们两人"彼此相合,但未彼此相融"。然而,这也让她最终离他而去。

当我问起她对那个充斥着迷幻药、欲望与神秘的夏天的记忆,问起她如何回忆那些混杂了大麻与旧唱片的漫漫长夜,母亲的回答是:"我记得去图书馆的事情。"

她解释说是因为和平队[1]:本来她和彼得会在那年9月被派去利比里亚,因此她想在出发前多读点书。在原来的计划中,他们应该在夏初就动身去贝专纳[2],但是彼得希望在伯克利再过一段嬉皮士生活,所以他们被重新派往利比里亚,出发时间定在九月。八月,他提出不愿意去利比里亚,所以他们哪儿也没去成。回顾当时,母亲意识到,彼得从来都没有真心想去非洲——他对她说愿意去,或者说,他让自己相信愿意去,只是为了说服她嫁给他。

每当我们谈起每个故事的两面性,我们总是以为会出现矛盾的叙述。可事实上更多的时候,分歧根本就在于这个故事的内容本身。在我母亲视角,和平队是那个夏日的主题,是第一个跳进她脑海中的内容。可在彼得的视角里,这件事甚至没有在小说里出现过。这不是问题的症结所在。他的婚姻死于另一座山上。

除了图书馆,母亲对1966年的夏天还抱有什么样的回忆呢?许多聚会,许多大麻,许多迷幻药,许多廉价的红酒。他们总是在合租房里喝酒,

---

[1] 和平队是美国政府为在发展中国家推行其外交政策而组建的组织,由具有专业技能的志愿者组成。
[2] 贝专纳,1884年成为英国的保护国,后来成为殖民地(由南非管理)。1966年独立,改名为博茨瓦纳。

她和彼得住客厅,带个有窗帘的飘窗。"那个飘窗!"她惊呼起来,她当然记得那个飘窗。"我和罗布第一次一起睡的地方,彼得当时就在旁边的房间。"小说里的厄尔,真名叫作罗布。他和我母亲以及彼得一起去背包旅行——试图测试婚姻开放的界限在哪里,在山上吸食迷幻药,光着身子爬到太阳底下的花岗岩石上,最后都被晒伤了。

母亲说,把罗布拉进飘窗的冒险感受深深地吸引了她,她丈夫离得那么近。虽然他们是开放式婚姻,但出轨的行为仍然让人觉得刺激。回首往事,她发现自己当时已经嗅到有什么破碎了,而她只是想将它完全打破。

她提起在自己妈妈家里的那次吸食迷幻药的经历,最后以严重的幽闭恐惧症发作而告终。"的确可以说我在山上遇到了恐惧,"她说,"我被困在一个自己无力掌控的地方……我不相信自己可以走得出来。"

读完《分道扬镳》的几个月后,我飞去波特兰,准备里德学院的读书会。就是在二十世纪六十年代的里德,我母亲和彼得坠入爱河的地方。我也邀请母亲从洛杉矶飞过来,请了彼得从塞勒姆开车过来,如此,我就可以在他们二人故事开始的地方,身处过去的背景中,听他们一同讲述他们的故事。

那是个晴朗的冬日。彼得来了,戴着皮质贝雷帽,穿了一件燕麦色的开襟毛衣,上面别了一枚别针,写着"一个安全的地方"。我们坐在里德学院的校园咖啡馆里,旁边坐了一个留着贝克汉姆头的女孩,在读米歇尔·福柯,还有一位留着长发的男孩在读《奥德赛》。彼得说这些学生让他回忆起了自己的同窗校友。我们一同走到母亲大一时住的宿舍楼下,路边摆了一面纸板标志牌,邀请人们把自己高潮时候的声音录下来,提交给一个叫"性爱画廊"的地方。彼得抬头望了望母亲在三楼的宿舍窗户,对我说他的大一室友是一名来自桑给巴尔的穆斯林,他每天要拿礼拜毯出来做五次祷告;而他们隔壁住的人好几个星期都在循环播放同一张琼·贝兹的专辑,以至于彼得每一个音符都能够记得。

他们带我去了市中心的先锋法庭,那是他们第一次一起抗议游行的地方,为了反对众议院的"非美裔运动委员会"。我们身处的波特兰五光十色——院子里摆满了蜂箱,到处都是自行车维修店和手工冰激凌店,甚至有茴香和西葫芦口味的冰激凌——不是他们所认识的保守、狭隘的波特兰。彼得跟我提起有个女人曾把他的传单揉成一团,往上面吐口水,还有个女的对我母亲说:"我等着看你孩子长大了恨你。"

彼得说起那个诅咒我母亲的女人时,语气里有保护的意味,而在我母亲的记忆里,也曾陶醉于他的保护。有一次,一个陌生人骚扰在游行队伍里的我母亲,而她则注意到彼得的脖子因为愤怒而青筋直暴。他想揍那个人,但尽力克制了,守住了非暴力的底线。母亲提到自己一度想用自己的政治思想引起彼得的注意时,他咧嘴笑了,俯身碰了碰她的腿——温柔的、愉悦的触碰。他还说自己对我母亲的第一印象是"秀色可餐",那时我感到我们正陷入一段奇异而仁慈的三角关系中:就仿佛在这么多年之后,彼得还在与我母亲调情,而更重要的是,我竟成了他俩的见证。

母亲和彼得开车带我来到兰伯特街的一处空地,此处曾矗立着他们共同居住的第一座房子。彼得就是在这里,用大桶自酿啤酒,分成三个木桶贮藏在地下室,其中一个爆炸了。有一对夫妻某次来吃晚餐,妻子饭后说:"如果可以的话,我丈夫要来点儿甜品。"接着她就在桌边给他喂奶。听起来像个幽默故事:你怎么才能把两个胸怀大志的嬉皮士当成正经人呢?

母亲向我指了她第一次买避孕药的地方，医生还因此羞辱了她。他们后来带我去了科纳普街的房子，那是他们婚后的住处，后院种了一颗李子树，房前则长了棵核桃树。在这里，母亲用梅子煮豆，彼得用优惠券买了许多薯条。母亲在此写了她关于法国中世纪史诗《丹麦王子哈夫洛克》的论文，彼得找到了一份挨家挨户推销吸尘器的工作。不过后来彼得辞掉了这份工作，因为一位六个孩子的单身母亲付不起吸尘器的钱，于是他回收了那台吸尘器。我母亲就是爱他这一点。

母亲和彼得一致认为，她其实并未准备好步入婚姻。"你母亲需要人来说服。"彼得说。母亲则告诉我："我实在没有拒绝他的理由了。"

他满足了她的所有要求——她想要旅行，想加入和平队，想去读研究生，他都许下了承诺：他们将一同做所有这些事。他就像是在人文课上赢了一场辩论赛。他说："我不该说服她的。"

我母亲却表示，她深爱着彼得，只是没有准备好和人结婚。她对我说："要是当时我能理解这一点就好了。"

彼得把这段婚姻的结束当作某个青春信条的崩塌。"我从小到大都觉得自己可以做成任何想做的事，"他说，"可这件事是我真心想要的，却无能为力。"

听到这里，我心里闪过一丝骄傲，因为比起母亲需要彼得，彼得才是更想和我母亲在一起的那一个。骄傲源自我的内心深处，就像我年轻时始终相信的那个理论：宁做被对方需求的人，也不做需求对方的那个人，仿佛爱是一场比赛，仿佛需要是绝对且固定的，仿佛这两种立场都可以让自己免于伤害或免于伤害别人，仿佛掌控一切就可以让自己不受伤害。

如果说彼得和我母亲离婚后，世界就分崩离析了，也不算是过度夸张。二十世纪六十年代的尾声，人们见证了马丁·路德·金和鲍比·肯尼迪遇刺，种族主义的骚乱席卷全国，1968年民主党代表大会上的暴动——一切都映衬着在越南愈演愈烈的战火与流血。

身处其中，也正因如此，彼得决定投身非暴力抵抗的正式运动中。他在俄勒冈州的丛林中组建了公社，城市的运动成员在完成重大任务后，可以来此地修养几个月。

我母亲从离婚的消沉中恢复后，遇到了露西，又开始了一段认真的感情，接着就去了伦敦，和我一位十九岁就怀孕的阿姨一起住。后来母亲和露西去法国南部参与农作物的丰收，甚至还在那里组织了一次橄榄采摘员的罢工行动，以抗议长时间在寒冷环境中工作。回到美国她们就分手了，母亲很快爱上了斯坦福一位年轻的经济学教授，就是我的父亲。他们搬进学校的房子里，接下来的两年里，他们将会迎来两个儿子——我的哥哥们。

一片树林分出两条路：一条通往公社，另一条通向教工宿舍。

母亲有过三段婚姻。在彼得之后，她和我父亲的婚姻持续了二十三年，在我十一岁的时候迎来终点。他很有趣，很成功，正如她所说，"从不无聊"。可他也并不忠诚，常常不着家。我去大学读书以后，她认识了沃特，是一个退休的番茄酱推销员。她当时在美国新教圣公会做法律工作，他们就是在那里相识的。他们一起成为祖父祖母，上街游行抗议对伊拉克的二次战争。我从这三段婚姻故事里提炼出了三种原始的男性形象：年少轻狂、理想主义的青年梦想家；漂泊不定、魅力四射、难以取悦的灵魂伴侣；以及在戏剧落幕后，安定下来的稳定伴侣。我坚持自己的这个看法。

毫无疑问，《分道扬镳》里另一个吸引我的点是，彼得被描绘成一个驾驭了各种男性气质的角色——一个"正直的"男人、酷酷的男人、情人、骑士、付出者、反抗者，同时也试图在其中找到真正属于自己的一席之地。他在塑造自己的形象时，都带有小心翼翼的自我摸索，书中很多处都体现出了矛盾：他会在晚宴上情绪高涨，从黄油上把餐刀拔起来，假装自己是亚瑟王——可他也会对着两个陌生人耳语，飞快地问："你听说过肝炎吗？"当小说中的彼得陷入自我探索的长篇大论中时，作者彼得会温和地取笑他的浮夸——安排一个别的人物在他的滔滔不绝下打瞌睡。彼得客观冷静的执着，以及面对这一执着的质疑，无疑表达了更深层、更普遍的渴望：渴望完全真实的自我，无拘无束、绝对自由的自我。

母亲记得彼得不想去读研究生的时候，她感到十分沮丧，当时还说他没有勇气做这件事。她对我说："他当然是有勇气的。像我那样大发雷霆，对任何人来说都是不公平的——那只是在宣泄我的挫败，因为他并没有利用自己的天赋去过我想要他过的生活。"

母亲说彼得未曾满足自己对他的期待，听到这里我内心升出奇特的感觉来，因为这让我想起这些年来我对自己爱人的期待。与其说这是自我意识的延伸，不如说这只是一种对仰慕感的渴望——从中获得鼓舞，仿佛自己也同时变得更好了。但同样地，这也会给人带来冷峻的距离感。听母亲说起她的这个看法，我感到自己并不是孤单一人。

母亲希望彼得可以忘掉他们对是否读研究生的争吵，而我则提醒她，小说中正有一段相关的描述。然而，母亲后悔的是自己对彼得的残忍批评，彼得则关注他自己愤怒的回应。他写道："我的声音不大却充满戾气，希拉甚至愣了神。我停下来感受自己的心跳，感受当下的情景，感受力量的滋味。"无论是我母亲还是彼得,都只记得自己给对方带来了痛苦。

母亲说,那段夏日的迷幻药经历给了她启示——她意识到,她自己的父亲永远都不会成为世界著名的工程师,他的地位也从不曾符合她的期待。听到这里,我不禁明白过来,正是她对父亲未满足的期待,塑造了她对彼得能获得世俗意义上的成功的期望,也最终成就了她与我父亲的婚姻。同样,我对父亲的感受也导致了我对自己伴侣的期待,或者说,是我把对自己的期许投射在了他们身上。

彼得没有去读研。"公社就是我的研究生学院。"他如是说。他在那里学会了关照需要关照的一切。有一次人们急需用钱,附近的一位农民主动提出给彼得一份把鸡送去屠宰场的工作,成千上万的鸡。一开始,彼得以为自己会把每一只鸡小心地捧起,待它们以尊严与怜悯。但到了最后,他只把它们看作麻烦。他由此理解了狱卒的感受。无论我们如何与内心的体制抗争,仍不免为其所塑造。在鸡场的某个时刻,在鸡叫声中,他开始听到动物们的叫声里有他自己的名字。

在彼此二十岁的尾声,母亲和彼得终于再次相逢。他从公社去加州南部看望父母,途中去斯坦福看她。母亲记得那次见面并不愉快。彼得明确表示,他认为她背叛了他们青春时期的价值观。"商学院的教授吗?"我问母亲,彼得是亲口说明了自己的看法,还是暗示了她?她回答说:"他亲口说得十分明白。"他讽刺了她的洗碗机,还有什么比这个更布尔乔亚呢?

她一边这么说,我一边想起希拉在彼得小说里的形象——在合租房的厨房里炖牛肉,做布丁或是饼干底小蛋糕。就算在自由恋爱的岁月里,总还是要有人洗碗的。可如今她却拥有了洗碗机。我都想要替她辩解了。

我问她,是否觉得彼得误解了自己,她摇摇头:"我没有感到被误解,只觉得受伤。那时候我对将来会发生的事情并没有计划。"

她倒不是羡慕彼得在公社的生活。事实上,彼得习惯于指导别人该做什么,该怎么做,因此她可以想象出,生活在彼得建立的公社里可能挺累的。但至少,他的生活是清晰的,有着毋庸置疑的道德必要性。未曾选择的生活——无论是与彼得一起共度的人生,还是彼得离开她以后的人生,都显得更有掌控力,因为她自己的人生尚未清晰。或许我对那个年轻的母亲投入了错误的信心,因为我不愿意把她想成一个生活在犹疑中的人。在我眼中,她一直都是颠扑不破的爱与奉献的源泉,毫无疑问。

我问彼得对那次在帕洛阿托[1]见面的印象。起初他只是简单地重复了我母亲的感受。他感到不快。彼得不喜欢我父亲,但他不清楚这到底是因为我父亲,还是只与我母亲有关。当我问起彼得是否还记得对我母亲的评价,他是否真的认为她背叛了他们年轻时期的共同理想时,他沉默了很久,才开口:"好吧,我们见面的时候她做了件很奇怪的事情。我们后来没讨论过那件事,所以到现在我还很困惑。"

他说的是,那天向他介绍新婚丈夫时,她随意穿着一件轻薄的晨袍。彼得完全无法理解她想传达的意思。在以后的许多年里,他想到她穿着这件衣服出来的画面都感到很不舒服。多年来,他都在等待她的讯号,一个他们之间仍有希望的讯号。但在那一刻,他不知如何是好。可我母亲对那件晨袍毫无印象。她根本不记得自己试图给他传递什么讯号——当然,我

---

[1] 加州旧金山湾区的一座城市,斯坦福大学位于此地。

们常常不记得自己曾试图传递的讯息，或者说当局者迷的我们甚至没有意识到自己就是在试图传递某种讯息。

"我觉得她背叛了吗？"他说，"可能有一点。"

他看着她的新欢——我的父亲，心想：他是斯坦福的教授，有两个博士学位，样貌英俊。其实我父亲只有一个博士学位，但彼得在记忆中夸大了事实也情有可原。彼得感到我母亲仿佛在说：快看我现在过得多好，离开你后我蒸蒸日上。彼得在心里问自己，我有什么是他不曾拥有的吗？答案是对信仰的忠诚：忠于他与我母亲曾共同拥有的价值理念。

母亲和彼得共同的理想曾让他们相聚，但尽管他们始终致力于这一理想，其表现却大相径庭。彼得决心在体制外工作，甚至反对体制，而我母亲却一向都在其内部效力，比如学校、非营利组织，还有圣公会。近五十年来，彼得坚持非暴力抵抗运动和反纳税主义，还是一支名为"原子能博士"的政治讽刺乐队的吉他手。他的儿子尚迪——多年前我母亲看见他的时候还是那个躺在床垫上的婴儿，后来在公社长大，现在已经是一名公司高管了。

而在这同样的五十年里，我母亲不仅嫁给了一位经济学教授，她自己也成了一名公共卫生教授。在巴西乡村做博士阶段的田野调查时，她助养了三个孩子，还把自己的两个小儿子带到了农村，在那里她甚至还要用吊床来称营养不良的婴儿。她花了几十年研究西非的产妇健康情况，还计划退休后去圣公会做执事，同时通过圣公会为低收入家庭的孩子提供营养计划。

他们二人的生活在外人看来都焦头烂额，也许甚至会让人产生欷歔感，扪心自问：而我又为这个世界做了什么呢？他们两个都因为反战、反对工资差距和反核游行被捕过多次，不过我母亲是穿着牧师袍的。她每次从拘留所回来，总能发现手机里躺着她女儿找她的短信。

五十年过去了，他们之间的关系曾经历过那么多的冲突、破裂与青春。离婚后的感情得来不易，也更刻骨铭心，直达内心的深处，付出的代价也更大。这段感情见证了他们是谁，也见证了他们经历了何等的改变，并将一切过往都记录其中。彼得不止一次地对我说："我有过别的感情经历，但我始终都爱你的母亲。"

在波特兰看过科纳普街的房子以后，我们前往陆军工程兵团参加一次抗议。彼得带了两面旗帜：一面和平旗帜，一面地球旗帜。那时是2月，立岩地区苏族对密苏里河下设输油管道的抵制活动[1]已进入尾声，大多数抗议者都已经离开，剩下的也将在月底前被遣散。陆军工程兵团已经批准管道的铺设，我们要抗议的正是此事。

其实兵团的办公室就在购物中心后面一栋古板的办公楼里，正对着一群流浪者的聚集地。但是我们没有看到一个抗议者：办公楼外的停车场没有，楼里也没有。我们只看到一个桌子后面站着个保安，他礼貌地问我们："有什么需要吗？"

我感到尴尬，觉得莫名其妙。彼得则直接问保安陆兵团在哪里，他告诉我们在四楼。

我内心期望可以在四楼看见一小撮抗议者，但事实上四楼也没有——

---

[1] 苏族是北美印第安人中的一个民族。因铺设的输油管道要破坏该民族的神圣地区，因此展开了长达数月的抵制活动。

或者说，我们就是那一小撮抗议者。这次桌子后面只有一名态度友好的接待员。恰好电梯门打开，一楼大厅的保安走了出来。

"我还是想跟你们上来，"他说，"你们看起来很困惑的样子。"

"我们确实困惑，"彼得说，"我们还想和陆兵团谈谈。"

我已经心不在焉了，也许还因为抗议停止了而欣慰，这样我们三个就可以多聊聊天，或者还能喝杯咖啡。可彼得对接待员说："我们希望和人谈谈立岩地区的事情。"

她请我们稍等，接着就走进了一个办公室。令我吃惊的是，几分钟后，一位神情疲惫的上校走出来，请我们回去。他是在虚张声势，相反的是，彼得并非虚张声势。这就是行动力极强的彼得——没有退缩，只有坚持。

最后上校带我们去了一间透明的会议室，他坐在长长的椭圆形会议桌的前方，彼得坐在他的旁边，把和平旗和地球旗摆在身旁的转椅上，就像是在摆弄听话的孩子。后来我上网查了才知道，这名上校参与过伊拉克和阿富汗的行动。近距离看，他的疲惫十分明显，使得皱纹也显得更深了。

同时参与谈话的还有一个身着灰绿色羊毛背心的年轻人。上校介绍说："这位是杰森，我们的一位律师。"杰森露出了一个羞涩的笑容。

彼得开始了他的演讲，清晰、热情、详细地表达了他对立岩保护区附近铺设管道的担忧。杰森做出技术性的回应的时候，上校打断他："缩略词太多了！听起来就像一堆字母煮了锅汤似的。"

接着上校拿出一张白纸开始画地图：密苏里河，"既有地役权"地区，立岩区部落。他提醒我们说，不是陆兵团要造管道，他们只是批准。这时我母亲提出案例，奥巴马签署的政令也曾被推翻。彼得对她的观点做了补充，他似乎知晓每一道实施的政令。我沉默不语，被母亲和彼得的知识震撼了，这也让我松了口气。我本来以为会是常规的抗议活动——我只要机械地在人群中重复口号，就可以扬扬得意，可这完全是另一回事：像一次突击考试。我到底有多了解立岩地区？反正不够和一位上校谈上一个钟头。

随着谈话的推进，情况变得明朗，上校和律师显然立场不同：上校是部队利益至上者，完全依从纪律行事；杰森却陷入了两难的困境。他在法学院学过部落司法，也许他在这里工作就是为了能从内部进行体制改革，至少，我是这么想的。现在他却要穿着羊毛背心坐在陆兵团的会议室里，捍卫一条从部落地区通过的管道，这似乎令他十分伤心。上校的态度更像是：你们到底要我做什么？接连提出的"他们的土地"相关问题似乎激怒了他。他提高了嗓门说："我们就在他们的土地上，就在这里！所有一切都是他们的土地！"

此时彼得和我了然地对视一眼：正是如此。

上校对我们说，兵团已经"一次又一次"和部落协商，他们算是尽职尽责了。这时我终于鼓起勇气说："那么，部落似乎并没同意啊。"

彼得随之跟上："另外三百个部落也不同意！"

杰森一直让我们回顾1868年的苏族条约以及随之开创的先例[1]："无论您对1868年的条约有什么意见，也无论我对此有什么看法……"

我打断他："所以您对1868年的条约有什么看法呢？"

他说："那是个悲剧。"

一阵沉默。我们都认识到了这一事实。杰森和上校一次次地看表，我们耐心地等着。上校再次重申他们遵守任何一条法律条文。"我认为您的

---

[1] 1866—1868年，怀俄明州和蒙大拿州地区苏族达科塔人与美国政府军之间的红云战争持续了两年，最终以《第二次拉勒米堡条约》的签署告终。

确没有违法,"我说,"是法律错了。"

那一刻我也许显得狂妄自大,仿佛自己是二十世纪六十年代的激进分子,但彼得说出"没错"的那一瞬间,我感到自豪。我自豪的是我终于让他印象深刻,让这个激进主义者印象深刻,同时我也意识到,自己正在扮演母亲多年前所期望扮演的角色:善待彼得。

总而言之,我们在"他们的土地"上,和杰森以及上校在玻璃会议室里谈了一个半钟头。我一直在奇怪为何我们还没有被礼貌地请出门?这是一种公关手段?还是波特兰的习惯?他们没有别的工作要做吗?

我们离开前,彼得呼吁双方都扪心自问,思考自己内心认为什么是正确的。也许有点俗气,但我心中的确有一个声音说:阿门!

走出会议室的时候,我听见母亲邀请杰森去我的读书会。母亲终究是母亲,即便在陆军工程兵团的办公室里。

到停车场之前,我已经在幻想这段谈话将如何改变杰森的整个职业生涯。我们来到车旁边的时候,母亲向我坦言,她也在做相同的美梦:也许五年后,杰森回顾这一天,将发现这正是他人生发生改变的一天。我与母亲是如此相似。我再一次努力寻找我们之间的界限,提醒自己界限真实存在。然而当我发现界限难以辨别的时候,也产生了一种身处子宫中的愉悦感,感到我们的契合。彼得是怎么说的来着?"彼此相合,但未彼此相融。"但有时,彼此相融的感觉很好——狂热、倔强、感性地来看,我就是母亲,而她也是我。

杰森和上校一定以为我们是一家人:两个身材高大、古稀之龄的嬉皮士和他俩高挑的女儿。我们的确是一家人,就在这一天,以一种奇特的形式：那条未曾选择的路以另一种现实表现了出来，在这条路上，彼得和我母亲有了孩子，并带着她——三十年后，一同向这个世界提出抗议。

每当我想定义我和母亲之间的差异，总会发现它们像是自我惩罚式的二元：她研究营养不良的儿童，而我则有饮食失调症；她以决绝的态度走出了婚姻，而我的前男友却曾说我是感情中的弱者；我为自己的痛苦忧心时，她已经在忧心他人的痛苦。或许她从不因痛苦而担忧，她只是在考虑生存和生活的计划。

这么多年来，尽管从未明确地定义这一点，我却一直怀疑，与我母亲的身份认同保持一致是我唯一的选择，否则我就会辜负她。读《分道扬镳》的时候，我不是将自己投射在她的形象上，就是因为我们之间的差异而羞愧：她坚忍不拔，我多愁善感；她外向，我自私；她不满意自己的恋爱是因为她想参加和平队的派遣，我对自己上一段感情的不满却只是想要他多给我发短信。比起她坚定的嘴角，我更像是彼得那条"悲伤的河鳗"。

不过事实上，每段恋情也总是我提出结束的——往往是因为我感到幽闭恐惧一般的感受。与其说这是我过去经历的病态之处，还不如说这恰恰暗示了我与母亲一样都对距离和界限有需求，而我的需求可能比我意识到的更甚。而她对独立的渴望，我也并不感到陌生。

我告诉彼得，本文讲述的是他和我母亲的关系。这是真的，却不是全部。本文也是在描绘我与母亲之间的关系，我内心的一部分是如何想要把她的神话具象化，我如何从彼得对她的勾勒中遇到另一个仰慕她的灵魂——同时，对真实的她的认知，又升华了我的崇拜。

我未曾想过彼得的小说会打乱我的自我认知和母亲之间的故事，可事实却是如此。这本小说让我认识到，她和我之间的关系更为复杂。我一直以为我们要么是相同的，要么是相反的。我们都过度相信自己对自己说的故事。因此，我们才常常需要在别人的故事里认识自己。

那天晚上，我们在波特兰里德学院小礼堂的二楼开读书会，这里是母亲和彼得上大一人文课的地方。我读了一篇特朗普就职后妇女大规模游行的文章。这篇文章分析了抗议本身，以及我们为什么需要抗议，甚至，或者尤其是现在——现任总统似乎已经威胁到我母亲和彼得五十年来为之奋斗的价值观。

律师杰森没有来读书会，而我母亲和彼得肩并肩坐在前排的长椅上——正如那段年轻的大学岁月。我感觉到自己似乎在向曾经的他们说话：曾经，他们在市中心的法院抗议，一个女人说她希望我母亲的孩子长大后恨她；后来，彼得去帕洛阿尔托看望我母亲，她担心自己让他失望了。这个读书会是我在告诉她：你没有让任何人失望。这个读书会是我在告诉她：你的孩子长大了，还有，他们很爱你。这如同我穿越了时间，用我此时此刻对她的仰慕，来抚慰曾经的她，抚慰那个不知为何辜负了深爱自己的男人的女人——那个不知道，也无从知晓路在何方的女人。

致谢

感谢所有参与本书创作的十四位作者,向我们讲述自己生命中如此私人而又动人的故事。

这本选集是合作的成果。如果没有冰雪聪明的编辑卡琳·马尔库斯,以及坏蛋经纪人梅丽莎·弗拉士曼的指导,我无法完成编写本书。感谢泰勒·拉森把我"锁在"她父母的客厅里,我才完成了这本书最初的灵感文章。同样感谢劳伦·勒布朗极富洞察力的反馈和修改。感谢萨莉·波顿对我的信任,并在 Longreads 上发表了我的文章。

感谢西蒙&舒斯特出版社团队的努力,包括莫利·格雷戈里、凯丽·霍夫曼、玛德琳·施密茨、伊利斯·林格以及马克斯·梅尔泽。

我还要感谢所有在撰写时帮助并鼓励我的人,他们是凯利·麦克马斯特斯、玛格特·卡恩、托拜厄斯·卡罗尔、乔·安·拜尔德及其团队,以及詹妮弗·帕斯蒂洛夫、里亚蒂·尤克纳维奇、卡洛琳·李维特、波洛西斯塔·卡普尔、汤姆·霍尔布鲁克、茱莉亚·菲洛、朱莉·邦丁、布莱恩·查特和贝珊娜·帕特里克。

感谢其他选集编辑对我的建议：詹妮弗、柯林和艾玛。感谢米歇尔·菲尔盖特和南希。感谢丽莎。

本书献给我的祖母和外祖母，纳娜和米莫，她们是我认识的最坚强的女人。

感谢瓦克斯在本书创作过程中的指导。

最后不得不提的重要一点是：感谢肖恩·菲兹洛伊，你让我微笑，让我成为如此一个美好的人。我爱你。

图书在版编目(CIP)数据

与母亲未曾谈起的事 /(美)米歇尔·菲尔盖特编；乐欢译.— 北京：人民日报出版社，2021.1
ISBN 978-7-5115-6613-3

Ⅰ.①与… Ⅱ.①米… ②乐… Ⅲ.①家庭关系–社会心理学–通俗读物 Ⅳ.①C913.11-49

中国版本图书馆 CIP 数据核字(2020)第 213237 号

著作权合同登记号　图字:01-2020-6175
Simplified Chinese Translation Copyright © 2021
by Beijing Qianqiu Zhiye Publishing Co., Ltd.
What My Mother and I Don't Talk About: Fifteen Writers Break the Silence
Original English Language Edition Copyright © 2019 by Michele Filgate.
All Rights Reserved.
Published by arrangement with the original publisher, Simon & Schuster, Inc.

书　　名：	与母亲未曾谈起的事
	YU MUQIN WEICENG TANQI DE SHI
编　　者：	[美]米歇尔·菲尔盖特
译　　者：	乐　欢
出 版 人：	刘华新
责任编辑：	苏国友
出版发行：	人民日报出版社
社　　址：	北京金台西路 2 号
邮政编码：	100733
发行热线：	(010) 65369509　65369512　65363531　65363528
邮购热线：	(010) 65369530　65363527
网　　址：	www.peopledailypress.com
经　　销：	新华书店
印　　刷：	天津创先河普业印刷有限公司
开　　本：	880mm×1230mm　1/32
字　　数：	172 千字
印　　张：	8
版次印次：	2021 年 1 月第 1 版　2021 年 1 月第 1 次印刷
书　　号：	ISBN 978-7-5115-6613-3
定　　价：	49.00 元

如发现编校差错或印装问题，请拨打售后服务电话 010-82838515

补充声明

Introduction copyright © 2019 and "What My Mother and I Don't Talk About" copyright © 2019 by Michele Filgate

"My Mother's (Gate) Keeper" copyright © 2019 by Cathi Hanauer

"Thesmophoria" copyright © 2019 by Melissa Febos

"*Xanadu*" copyright © 2019 by Alexander Chee

"16 Minetta Lane" copyright © 2019 by Dylan Landis

"Fifteen" copyright © 2019 by Bernice L. McFadden

"Nothing Left Unsaid" copyright © 2019 by Julianna Baggott

"The Same Story About My Mom" copyright © 2019 by Lynn Steger Strong

"While These Things / Feel American to Me" copyright © 2019 by Kiese Laymon

"Mother Tongue" copyright © 2019 by Carmen Maria Machado

"Are You Listening? " copyright © 2014 by André Aciman

"Brother, Can You Spare Some Change?" copyright © 2019 by Sari Botton

"Her Body / My Body" copyright © 2019 by Nayomi Munaweera

"All About My Mother" copyright © 2018 by Brandon Taylor

"I Met Fear on the Hill" copyright © 2019 by Leslie Jamison

The following stories were reprinted with permission:

"What My Mother and I Don't Talk About" was previously published on *Longreads* on October 9, 2017

"All About My Mother" was previously published on Lit Hub on August 1, 2018

"Are You Listening? " was previously published in *The New Yorker* on March 17, 2014